Sandra Grimm · Julia Bierkandt

Sandra Grimm
wohnt mit Mann und Kindern in Norddeutschland. Sie schreibt
seit vielen Jahren Bücher für kleine und größere Leser.
In ihrem Kopf tummeln sich ständig neue lustige und spannende
Geschichten, die zu gerne erzählt werden möchten …

Julia Bierkandt
arbeitete nach ihrem Modedesign-Studium viele Jahre als
Designerin für Kinderbekleidung. Dabei entdeckte sie
ihre Leidenschaft für die Kinderbuch-Illustration. Heute lebt
Julia Bierkandt mit ihrer Familie in Süddeutschland.

Sandra Grimm

Der Schöne-Träume-Laden

Wunderzauberhafte Gutenacht-Geschichten

Mit Illustrationen von Julia Bierkandt

Arena

Ein Verlag in der westermann GRUPPE

1. Auflage 2021
© 2021 Arena Verlag GmbH,
Rottendorfer Str. 16, D-97074 Würzburg
Alle Rechte vorbehalten
Text: Sandra Grimm
Einband und Illustrationen: Julia Bierkandt
Lektorat: Christine Denk
Gesamtherstellung: Westermann Druck Zwickau GmbH
Printed in Germany
ISBN 978-3-401-71588-9

Besuche den Arena Verlag im Netz:
www.arena-verlag.de

Inhalt

Willkommen im Schöne-Träume-Laden 10

Das erschöpfte Elfenkind 12

Das verwirrte Vogelkind 17

Das müde Mäuschen 24

Der zappelige Zahlenzähler 29

Das scheue Schutzengelchen 34

Das kribbelige Kamel 40

Der schwankende Schornsteinfeger 46

Das steppende Sternchen 52

Die schlaflose Serafina 58

Das minikleine Monster 63

Das schläfrige Schlafschaf 69

Das furchtsame Füchschen 74

Der ordentliche Opa 80

Das knurrende Kätzchen 85

Die muntere Milly 91

Das glühende Glühwürmchen 97

Das einsame Eichhörnchen 102

Der sehnsüchtige Seemann 108

Der mamavermissende Max 114

Das schlotternde Sandmännchen 120

Der mutlose Marienkäfer 126

Die putzmuntere Prinzessin 131

Willkommen im Schöne-Träume-Laden

In einer bezaubernden kleinen Stadt ganz in deiner Nähe und doch unendlich weit weg liegt der wunderbare *Schöne-Träume-Laden*. An seinen dunkelblauen Fenstern mit den goldenen Sternen ranken sich unzählige Efeublätter empor und bilden einen märchenhaften Bogen über der alten Holztür mit dem goldenen Mondknauf. Öffnest du die Ladentür, ertönt das entzückende *Ping ping ping ping!* der kleinen Türglöckchen, und drei neugierige Augenpaare sehen dir entgegen: Das sind Anna Zaubermond, die Besitzerin, ihr kleiner, frecher Wecker Ticktack und das mutige Mauselinchen. Sie lieben ihren Träume-Laden, der über und über mit Schlafschätzen gefüllt ist, und warten schon hinter dem Holztresen auf dich, um dir zu schönen Träumen und behaglichem Schlaf zu verhelfen.

In ihrem großen alten Schrank mit den hundert Schubladen findest du zauberhafte Glitzerstäube für gute Träume, geheimnisvolle Schlafsteine, beruhigende Kuscheldüfte oder magische Rezepte zum herrlichen Schlummern. Und in dem gemütlichen Schlafsaal nebenan kannst du jedes Bett ausprobieren, das du dir vorstellen kannst: von winzigen Vogelnes-

tern und kleinen Lederschuhbetten über kuschlige Hundekörbchen und blumenumrankte Hängematten bis zu edlen, samtigen Himmelbetten und watteweichen Wolkensofas.

Es gibt auch eine Küche und ein Schlafzimmer für Anna und ihre zwei Helferchen.

Die drei Freunde kennen sich bestens mit Träumen und Schlafen aus und wissen jedem zu helfen, der mit einem Problem zu ihnen kommt. Du kannst abends lange nicht einschlafen? Du hast immer furchtbare Träume? Du hast Angst im Dunkeln? Du fällst im Schlaf aus dem Bett?

Dann komm in den wunderbaren *Schöne-Träume-Laden!* Hier gibt es die zauberhaftesten Träume und den fabelhaftesten Schlaf …

Das Schöne-Träume-Buch

Anna Zaubermond schreibt alles in ihr
Schöne-Träume-Buch.
Wer hier sucht, findet alle Tipps wieder
und kann sie nachmachen. Schau mal
auf Seite 136 bis 139.

Das erschöpfte Elfenkind

Fuschhhh! Ein sanfter Windhauch wehte zur offenen Ladentür herein. Anna Zaubermond stützte sich auf ihren Strohbesen und genoss die warme Luft auf ihrer Haut. Sie blickte zur Tür hinaus über die Dächer der Nachbarhäuser: Oben am Himmel schimmerte silberhell der Mond. Dick und zufrieden hing er am dunkelblauen Himmel. »Hübsch siehst du heute aus«, murmelte Anna und fuhr fort, den *Schöne-Träume-Laden* auszufegen. Sie pfiff eine hübsche Einschlafmelodie, zu der Mauselinchen in ihrer Schürzentasche den kleinen Dirigentenstab schwang. Die Maus piepste fröhlich im Takt, sie war eine sehr musikalische Maus!

»Was ist denn das für ein Krach?«, grummelte Ticktack und nieste den Staub von seinen Zeigern. »Hatschi! Anna, du staubst mich ein mit deiner Fegerei! Ich verstehe einfach nicht, wozu es gut sein soll, mit diesem Besendings die Luft aufzuwirbeln. Kann der Staub nicht dableiben, wo er so schön und brav herumliegt?«

Anna lachte und stupste den grummeligen Wecker absichtlich mit dem Besen an.

»He!«, beschwerte er sich. Dann kicherte er. Anna kraulte ihn nämlich nun am Bauch, das war seine kitzeligste Stelle! Sie versprach: »Gleich können wir den Laden zumachen. Dann koche ich uns heißen Kakao und ...«

»... und du spielst mit uns. Abgemacht!«, unterbrach Ticktack sie. Der kleine Wecker wollte gerade die Ladentür zuschubsen, als plötzlich etwas Grünes dagegenprallte und in ihren Laden rollte.

Ping ping ping ping!, machten die Türglöckchen.

Mit einem matten »Aua!« stoppte die grüne Kugel am hölzernen Tresen.

Anna lächelte. »Femo!«, rief sie erfreut.

»Wir haben schon geschlossen«, maulte Ticktack und verschränkte die Arme.

»Aber nein, aber nein, es ist doch erst zwei Minuten VOR sechs«, berichtigte Mauselinchen und schob die viel zu große, runde Brille auf ihrer Nase ein Stückchen höher.

Das alles bekam der abendliche Gast gar nicht mit. Femo Feinohr war ein zappeliges Elfenkind, das den ganzen Tag über wild durch die Elfenwelt sauste. Doch kaum wurde es dunkel, schlief Femo ein, egal, wo er war. Deshalb fragte Anna nun: »Femo, weshalb schläfst du noch nicht?«

Femo gähnte. »Ich kann nicht«, jammerte er. »Es ist einfach alles zu laut!«

Anna hob den müden Elfenjungen auf das blaue Gästesofa und deckte ihn mit einer Decke aus allerweichster Schafswolle zu.

»In diesem schönen, warmen Sommer haben alle Tiere so viele Kinder«, klagte Femo. »Das finde ich toll, aber jetzt ist der Wald voller Wesen, die bis in die späten Abendstunden fröhlich sind. Die Grillen zirpen, die Eichhörnchen keckern, die Vögel zwitschern, die Spechte pochen – das ist zu viel für meine zarten Elfenohren! Du weißt doch, dass ich sogar höre, wenn sich morgens die Blüten öffnen.« Erschöpft drehte er den Kopf zur Seite. Eine kleine Blattlaus, die in seinen weichen Haaren hauste, nickte mitleidig und krabbelte ihm liebevoll durch den grünen Schopf. Sie konnte offenbar auch nicht schlafen.

Anna Zaubermond überlegte. »Ob ich ihn einfach hinten in eines der Schlafgemächer bringe?«, flüsterte sie. »Was meint ihr? In das gemütliche Bienenkörbchen?«

»Im Bienenkörbchen wollte *ich* heute schlafen«, sagte

Ticktack beleidigt. Dann wippte er mit dem Sekundenzeiger. »Aber eine Nacht wird es schon gehen.«

Anna schüttelte den Kopf. »Eine Nacht ist nicht genug. Wir müssen etwas finden, das ihm jede Nacht hilft.«

»Vielleicht ein paar dicke Winter-Ohrenschützer«, fiepte Mauselinchen.

Anna Zaubermond sah sie nachdenklich an. »Du hast mich auf eine gute Idee gebracht, Mauselinchen, danke!«

Sie lief zur Tür und pfiff auf ihren schmalen Zeigefingern einen ihrer Tierlockpfiffe: »Pfuiiit!«

Es dauerte nicht lange, da hallte ein tiefes Brummen durch die Nachtluft. Es kam näher und näher und füllte bald den ganzen Schöne-Träume-Laden aus.

»Das wird ja noch lauter«, stöhnte Femo.

Da stoppte das Brummen. Eine kleine Hummel war auf dem Tresen gelandet. »Guten Abend, Anna Zaubermond«, sagte sie. »Wofür brauchst du so spät am Abend meine Hilfe?«

Anna Zaubermond strich der Hummel zart über den pelzigen Bauch. »Du hast mir doch neulich gesagt, dass du in der Nacht oft am Bauch frierst, richtig?«

Die kleine Hummel nickte aufgeregt. »Hast du eine Lösung?«

Lächelnd nahm Anna Zaubermond die pummelige Hummel auf die Hand und brachte sie zum Sofa. Femo öffnete schlapp die Augen. »Hallo«, flüsterte er.

»Dreh dich bitte auf die Seite«, bat ihn Anna Zaubermond.

Femo rollte herum. Nun lag sein linkes Ohr unten auf dem flauschigen Sofakissen. Auf sein rechtes Ohr setzte Anna Zaubermond vorsichtig die pelzige Hummel.

»Hm, ganz warm«, schwärmte die Hummel.

Femo machte erstaunt die Augen auf. »Es ist still«, sagte er ungläubig. »Und so weich, ah, das ist guuuuut …« Schon war er eingeschlafen. Auch die kleine Hummel schlief im Nu tief und fest. Und sogar die winzige Blattlaus konnte Anna Zaubermond friedlich schlummern sehen.

»Das ging aber schnell«, staunte Ticktack.

Anna holte ein Döschen aus ihrer Jacke. Mit spitzen Fingern nahm sie etwas Mondgoldstaub heraus und streute ihn behutsam über die schlafenden Gäste.

»Sachte schwebt ihr nun nach Haus, träumt recht schön, und schlaft euch aus«, wisperte sie.

Da schwebten Femo und die Hummel sanft empor und flogen durch die Tür hinaus bis in Femos Hängematte.

»Gut gemacht, Anna Zaubermond«, sagte Mauselinchen zufrieden.

»Und jetzt ist Feierabend«, bestimmte Ticktack und drückte die Ladentür fest zu. »Kakao, wir kommen!«

Im Laden ging das Licht aus. Und wer hinter dem Haus vorbeiging, konnte durch das Küchenfenster sehen, wie drei sehr verschiedene Gestalten fröhlich miteinander lachten und gemütlich Kakao tranken.

Das verwirrte Vogelkind

Mitten in der Nacht klopfte es kräftig an die Tür des *Schöne-Träume-Ladens*.

»Drrrrr!«, schlug Ticktack sofort Alarm. Dann schimpfte er: »Wer stört uns um diese Zeit?«

Anna schlüpfte in ihre rosa Samtpantoffeln und schlurfte gähnend in den Laden. »Jemand, der nicht schlafen kann, natürlich.« Sie tätschelte Ticktacks Köpfchen.

»Man wird ja in einem *Schöne-Träume-Laden* wohl auch mal schlafen dürfen«, meckerte er leise, dann sprang er aus seiner Samtkiste und huschte Anna hinterher.

Anna öffnete die Tür: Ping ping ping ping! Die schwungvolle Kundin war Spelli Specht, die fürchterlich aufgeregt mit den grünen Flügeln schlug.

»Guten Abend, Spelli«, sagte Anna beruhigend, »wie geht es dir?« Sie ging vor der nervösen Vogelfrau in die Knie.

Spelli Specht kullerte eine dicke Träne über das grüne Gefieder. »Ich weiß einfach nicht mehr, was ich machen soll«, klagte sie. »Du weißt doch, dass ich ein fremdes Ei gefunden und mit meinen eigenen zusammen ausgebrütet habe?«

Anna nickte. »Deine Küken sind schon vor einigen Wochen geschlüpft, richtig?«

Spelli lächelte. »Ja, sie sind alle wunderbar. Auch das Küken aus dem fremden Ei, ein niedliches, zerzaustes Ding. Wir haben es Emma genannt. Sie ist sehr lieb, ganz freundlich und still.«

Die Spechtfrau runzelte die Stirn. »Allerdings ist sie riesig. Ein enorm großes Vogelkind, du musst sie dir unbedingt einmal anschauen ...« Sie hielt inne. »Ja genau! Bitte, komm doch gleich mit mir, Anna, schau sie dir an. Bitte!«

Anna lachte. »Natürlich gehe ich mit. Ich muss doch den kleinen Neuankömmling begrüßen, nicht wahr?«

»Ohne mich? Ohne mich?«, rief Ticktack empört.

»Aber nein, Ticktack, du kommst auch mit.« Anna zog sich rasch an und steckte den Wecker in ihre grüne Umhängetasche. Sie hielt die Jackentasche auf, damit Mauselinchen hineinklettern konnte. »Ich gehe doch nicht ohne meine liebsten kleinen Freunde«, versicherte sie.

Dann folgte sie Spelli Specht aus dem Haus. Unterwegs klagte Spelli weiter ihr Leid: »Emma schläft nicht. Sie reißt ihre Augen nachts weit auf, um alles zu sehen. Und am Tag ist sie dann nicht wach zu halten. Ständig schlummert und döst sie. Sie frisst auch nicht richtig, sie ist schon ganz dünn. Eigentlich müsste sie längst anfangen, selbst nach Futter zu suchen, wie meine anderen Kinder. Aber so müde, wie sie tagsüber ist, fliegt sie natürlich kein Stück.«

Anna grübelte. »Hat sie Angst in der Nacht?«, fragte sie Spelli.

Die Spechtmutter lächelte. »Kein bisschen. Am liebsten würde sie sogar herumfliegen, aber das kann ich nicht erlauben. Man sieht doch in der Nacht nichts, womöglich fliegt sie noch gegen einen Baum!«

Sie erreichten eine alte Eiche. Anna schaute am rauen Stamm in die Höhe und erspähte das Loch zur Spechthöhle. Kein Ton war aus der Spechtwohnung zu hören, die kleinen Vogelkinder schliefen sicher schon längst.

Neben dem Loch saß auf einer Astgabel ein trauriges, müdes graues Federbällchen – mit weit geöffneten Augen. Als es seine Spechtmama erspähte, rief es leise: »Schuhu!«

Spelli seufzte. »Richtig sprechen lernen muss sie auch noch.«

Anna schmunzelte. Mauselinchen sprang auf ihre Schulter und flüsterte: »Ist das nicht eine Eule?«

Anna nickte. Freundlich beugte sie sich vor und sagte zum Federbällchen: »Schuhu, ich bin Anna. Ich freue mich, dich kennenzulernen.«

Das Federbällchen lächelte zaghaft.

Anna sah Spelli an. »Weißt du, was für eine Art Vogel Emma ist?«

Die Vogelfrau nickte heftig. »Klar, eine Eule. Warum?«

»Aber, liebe Spelli. Eulen rufen immer ›Schuhu‹. Das gehört zu ihrer Sprache.«

Spelli riss die Augen auf. »Das hatte ich ganz vergessen!«

Ticktack tickte hektisch. »Wie kann man das denn vergessen?«

Anna fuhr fort: »Und Eulen sind nachtaktiv. Sie schlafen am Tag und fliegen in der Nacht herum, um Futter zu suchen. Wusstest du das denn nicht?«

Die Spechtmutter fiel vor Entsetzen von Annas

Arm. »Achjeachjeachje – natürlich weiß ich das. Aber ich habe gar nicht darüber nachgedacht. Sie ist doch jetzt mein Kind und immer bei uns, da glaubte ich wohl, sie kann so leben wie wir ...« Spelli flog rasch zu Emma und umschlang sie mit ihren Flügeln. »Emma, mein Schätzchen. Es tut mir so leid. Man kann doch aus einer Eule keinen Specht machen. Ab sofort darfst du nachts wach sein. Und am Tag lassen wir dich schlafen, versprochen. Du Arme!«

Emmas Augen strahlten. »Schuhu – darf ich jetzt losfliegen und mir Futter suchen?«

Bei dieser Antwort traten der Spechtmama Tränen in die Augen. »Aber sicher, Emma-Spatz. Flieg nur los. Und gib gut acht!«

Emma versprach es. Dann öffnete sie ihre grauen Schwingen und verschwand lautlos in der Nacht. Ticktack tickte ihr leise hinterher. »Guten Ausflug«, wisperte er.

»Ach je«, stöhnte Spelli und flatterte zurück auf Annas Arm. »Wer passt jetzt auf Emma auf? Ich muss doch nachts schlafen.«

»ICH«, brummte eine tiefe Stimme.

Anna und Spelli sahen nach oben. Hoch über ihnen zog der Mond seine Bahn am dunkelblauen Nachthimmel.

»Ich gebe gut auf sie acht«, versprach der Mond. »Schlafe du nur, liebe Spelli.«

Anna strich der Spechtmutter tröstend über den Rücken. »Siehst du, nun ist alles gut.«

»Vielen Dank, Anna«, flüsterte Spelli und drückte ihr einen zarten Schnabelkuss auf die Wange. »Wenn du erlaubst, lege ich mich nun schlafen. Ich bin so müde …«

Anna hob sie sanft Richtung Baumloch, in dem Spelli im Nu verschwand.

Zufrieden schlenderte Anna mit ihren zwei kleinen Freunden nach Hause. Aus der Ferne hörte sie ein leises »Schuhu«, und sie wusste, dass Emma Eule nun endlich glücklich werden konnte.

Das müde Mäuschen

Mauselinchen zählte gerade die getrockneten Lavendelblüten, als die Tür zum *Schöne-Träume-Laden* aufsprang. *Ping ping ping ping!* Ein kräftiger Windhauch hatte sie aufgedrückt und blies nun den Blütenhaufen durcheinander. »Huch!«, rief Mauselinchen. Vor Schreck plumpste ihre Brille in den Lavendel.

»Hihi, eine Duftbrille«, kicherte Ticktack und schob ächzend die Ladentür wieder zu. »Anna, du musst dringend mal das Schloss reparieren«, schimpfte er. »Ich bin ein Wecker und kein Türzuschieber.«

Anna Zaubermond saß im Schneidersitz auf einem dicken Kissen auf dem Boden. Sie hatte die Augen geschlossen und summte eine leise Melodie.

»Du hast da was«, brummte Ticktack plötzlich. »Am Knie.«

Anna öffnete die Augen. Auf ihrem Knie saß eine kleine graue Maus mit sehr langen Schnurrbarthaaren und schaute bewundernd zu ihr auf. »Was für eine schöne Musik«, fiepte sie.

Anna blickte nach unten. »Guten Morgen«, sagte sie. »Bist du nicht Marilla Maus vom Bäckerladen?«

Die kleine Maus nickte stolz. Sie war bekannt dafür, den Boden des Bäckerladens blitzsauber zu halten. Kein einziger Krümel konnte sich dort in den Ecken verkrümeln!

»Warum besuchst du uns, Marilla?«, fragte Anna.

Die Maus seufzte. »Ach, ich möchte mich gar nicht beklagen, ich habe es doch so gut in der Bäckerei«, erzählte sie. »Die Bäckerin verjagt mich nicht, ich habe eine hübsche Wohnung in der Wand, ich darf alle Krümel vernaschen ...« Sie wurde rot. »Aber ich kann einfach nicht schlafen!«

Mauselinchen hüpfte auf Annas anderes Knie. »Bestimmt musst du so viel arbeiten, dass du gar keine Zeit zum Schlafen hast«, vermutete sie und schob wichtig ihre Brille hoch.

Doch Marilla schüttelte den Kopf. »Das ist es nicht. Es ... es riecht einfach zu gut.«

Ticktack trappelte zu ihnen. »Wie bitte? Es riecht zu gut? Aber es ist doch toll, wenn es gut riecht! Also, ich würde mich freuen, wenn es hier nach ofenfrischen Brötchen duften würde ...«

Marilla ließ beschämt die Ohren hängen. »Ich weiß«, quiekte sie. »Darüber darf man sich nicht beschweren, das ist etwas Schönes ...«

Anna strich ihr sanft über den kleinen Rücken. Da blickte Marilla wieder auf. »Es ist nur ... ich wache jede Nacht auf, weil es so gut riecht. Zuerst die frische Hefe – mhmm! Dann knetet die Bäckerin den Teig, ohhh! Und wenn erst die Teiglinge im Ofen liegen und der feine Duft durch das ganze Haus

zieht, hach … dann schnuppert meine Nase von ganz allein los, und ich werde wach. Jede Nacht!«

»Wäscheklammer drauf«, brummte Ticktack.

»Huch!«, machten Marilla und Mauselinchen gleichzeitig und hielten erschrocken die Pfoten auf ihre Nasen. Ticktacks Vorschläge waren nicht immer die zartesten.

»Aber nein«, widersprach Anna. »So kleine Näschen klemmen wir doch nicht ein. Außerdem möchte Marilla ruhig atmen und nicht immer mit dem Mund nach Luft schnappen.« Sie überlegte. »Ich glaube, ich habe da etwas für dich.« Sanft hob sie die Mäuse von ihren Knien und stand auf. Sie ging zu dem großen alten Apothekerschrank mit den vielen, vielen kleinen Schubladen. Nachdenklich legte sie die Finger an die Wange und ließ den Blick über die bunten Griffe gleiten. Dann fasste sie zielsicher einen Knauf, der so aussah wie eine violette Rosenblüte, und zog die Schublade auf, aus der sie ein seltsames Stück Stoff hervorholte.

»Was ist das?«, fragte Marilla aufgeregt.

»Daraus nähen wir ein Duftkissen«, erklärte Mauselinchen. »Es wird mit duftenden getrockneten Blütenblättern gefüllt. Meistens legt man es zwischen die Kleidung, damit es im Schrank gut riecht.«

»Genau«, sagte Anna. »Aber Marilla sollte es als Kopfkissen benutzen.« Sie legte der kleinen Maus das flache Kissen vor die Pfötchen. Marilla schnupperte. »Das duftet gar nicht!«, sagte sie leise.

»Aber gleich!«, rief Mauselinchen eifrig und kam mit einem Arm voller Lavendelblüten zu ihr. Gemeinsam füllten sie das kleine Kissen. Marilla sog tief die Luft ein und strahlte. »Oh, das riecht gut ... so tröstlich ...«

»Ja, es ist ein beruhigender Duft«, erklärte Anna. »Wenn er eines Tages verflogen ist, füllst du das Kissen neu.«

Die kleine Maus strahlte. »Was kostet das?«

»Für dich nichts«, versicherte Anna. »Nur die Menschen müssen hier bezahlen. Vielleicht kannst du mir auch irgendwann einen Gefallen tun. Oder jemand anderem.«

»Ganz bestimmt«, sagte Marilla Maus. Sie huschte vor und umarmte Annas Knöchel. »Vielen Dank, Anna Zaubermond.«

»Gern geschehen.«

Marilla flitzte glücklich mit ihrem Duftkissen zur Tür. Ticktack wartete schon und schob die Tür ein bisschen auf, damit sie hinausschlüpfen konnte.

»Oh, wisst ihr, auf was ich jetzt große Lust bekommen habe?«, fragte Anna und klatschte fröhlich in die Hände.

»Hoffentlich ist es was zu essen«, murmelte Ticktack. In seinem Magen ratterten die Zahnräder schon heftig.

»Ja – wir backen Brötchen!«, rief Anna.

Es dauerte nicht lange, da zog ein köstlicher Duft durch den *Schöne-Träume-Laden.* Zum Glück war es mitten am Tag, sodass niemand mit Schlafproblemen zu Besuch kam und Anna, Ticktack und Mauselinchen ganz in Ruhe die leckeren Brötchen aufknuspern konnten.

Der zappelige Zahlenzähler

Raschel, raschel-raschel.

»Komisch«, sagte Ticktack. »Es raschelt dauernd unterm Sofa. Anna, ich fürchte, wir haben eine Maus im Haus.«

»Haha«, klang es dumpf von unten. Mauselinchen ächzte. »Gleich habe ich es!«

»Was suchst du denn da?«, fragte Ticktack neugierig.

Da kullerte ein Geldstück unter dem Sofa hervor. Gleich hinterher schob sich die kleine Maus. Ihre große Brille war voller Staubflusen, genau wie ihr schönes graues Fell.

»Ah, eine Staubmaus!«, rief Ticktack und lachte. Dann sagte er: »Warte, ich helfe dir.« Er nahm eine Feder aus der Blumenvase neben dem Sofa und wedelte damit über Mauselinchens Fell. »Na siehste, da biste wieder hübsch«, brummte Ticktack zufrieden.

Die Maus lächelte ihm dankbar zu, hob das Geldstück an und rollte es hinter den Tresen. »Fünfzig Cent«, sagte sie eifrig. »Die fehlten vorgestern in der Kasse. Ich habe sie wiedergefunden.«

Ticktack zog die kleine Schublade auf, die unter seinem

Uhrwerk eingebaut war. »Hier, ich habe noch ein Zwei-Cent-Stück. Willst du das auch?«

Mauselinchen schüttelte den Kopf. »Nein. Es fehlen nur fünfzig Cent. Die Zahlen müssen stimmen.«

Ping ping ping ping!

Ein dicker kleiner Mann kam in den Schöne-Träume-Laden. Er schloss die Tür und sah sich um. »Hallo?«, rief er. Da erblickte er Ticktack. »Oh, ein Zwei-Cent-Stück«, sagte er.

Ticktack schloss erschrocken sein Schublädchen. »Man guckt einem Wecker nicht in den Schuber!«, rief er entsetzt.

»Oh, Entschuldigung«, sagte der Mann rasch. »Ich wollte nicht ... ich bin Mathelehrer und liebe Zahlen, weißt du, ich sehe sie überall ... entschuldige.«

»Schon gut«, brummte Ticktack, huschte aber lieber zu Mauselinchen hinter den Tresen. »Anna, Kundschaft!«, rief er laut.

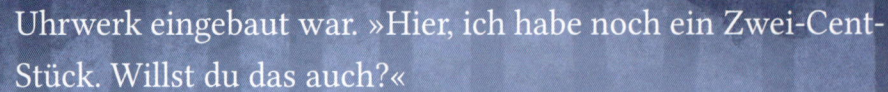

Anna kam aus der Küche und begrüßte den Mann freundlich. »Ach hallo, Herr Prim, wie schön, Sie zu sehen.«

»Hallo, Frau Zaubermond, Sie haben da einen Knopf verloren, Ihr Kleid hat eigentlich acht, minus eins macht sieben.«

Anna lächelte. »Oh tatsächlich, danke. Wie geht es Ihnen und Ihrer Frau?«

»Sehr gut, vielen Dank. Meine Frau, meine zwei Kinder und ich, das macht vier, sind aufs Land umgezogen. Das ist herrlich. Eigentlich kann ich dort auch sehr gut schlafen. Wenn ich nicht immerzu zählen müsste.«

»Hör doch einfach irgendwann auf«, schlug Ticktack vor, der inzwischen auf den Tresen geklettert war.

»Aufhören?«, wunderte sich Herr Prim. »Aber nein, das geht nicht. Weißt du nicht, dass Zahlen unendlich sind? Es geht immer weiter! Durchs Dachfenster sehe ich Millionen Sterne, und auch wenn ich die Augen schließe, höre ich die Eulen rufen. Ihr Schuhu zähle ich die ganze Nacht hindurch. Ich kann einfach nicht aufhören.«

Plötzlich beugte er sich vor und starrte auf Ticktacks Bauch. »Dein Zeiger ist nicht korrekt eingestellt, es ist zwei nach drei, nicht drei nach drei.« Er hob seinen Zeigefinger und hätte vermutlich als Nächstes das Glas vor Ticktacks Ziffernblatt geöffnet, um die Zeiger richtig einzustellen. Doch Ticktack klopfte ihm empört auf die Hand. »Also, das ist doch die Höhe. Zähl deine eigenen Finger, du Zeiger-Fummler!«

Entrüstet kroch er hinter die alte Kasse, wo Anna ihm beruhigend über die Klangglöckchen strich.

»Das mit den Fingern ist gar keine schlechte Idee«, murmelte sie und ging zum Bücherregal. »Hm, Sandmann-Geschichten, Einschlaflieder für Große ... ah, hier ist es: Gutenacht-Reime.« Sie nahm ein dickes Buch mit einem roten Samtrücken aus dem Regal und blätterte darin herum.

Herr Prim zupfte an seinem Bart. »Sie meinen, ich soll lesen?«

Anna lachte. »Nein, Sie sollen zählen. Aber nur bis zehn.«

»Weiter nicht? Das geht niemals!« Der Mathelehrer hob abwehrend die Hände.

Anna las vor: »Die Eins ist das Däumchen, die Zwei bringt ein Träumchen, der Drei ist noch bange, die Vier gähnt schon lange. Die Fünf schläft allein, die Sechs rollt sich ein. Die Sieben gibt acht, die Acht sagt Gut' Nacht. Die Neun deckt sich zu, die Zehn schläft im Nu.«

Während Anna las, senkte Herr Prim einen Finger nach dem andern. Staunend sah er auf seine geschlossenen Hände. »Das ist fantastisch«, meinte er. »Nach zehn ist Schluss. Und die Finger schlafen dann, ich kann sie nicht noch einmal zählen, sonst würde ich sie wieder aufwecken.« Er strahlte.

Drrr! Ticktack ließ seine Klangglöckchen schrillen. »Meine Idee!«, rief er stolz.

Während Herr Prim bezahlte, schrieb Mauselinchen ihm den Reim in wunderschöner silberner Schrift auf ein dunkel-

blaues Blatt Papier. Ticktack bemalte einen Holzrahmen mit silbernen Sternen. Sie legten den Zahlenreim in den Rahmen und überreichten ihn Herrn Prim.

»Wunderschön«, fand er.

»Die Buchstaben leuchten in der Nacht«, verriet Mauselinchen. »Sie können sie im Dunkeln lesen.«

Herr Prim verbeugte sich. »Ich bedanke mich vielmals und wünsche ein-, zwei-, dreimal gute Nacht. Auf Wiedersehen.« Er winkte und ging hinaus.

Ticktack rieb seine Glasscheibe sauber. Es war ein Fingerabdruck darauf! »Ich bin auch gut im Zählen«, sagte er. »Ich kann bestimmt bis zwanzig zählen. Mindestens.«

»Wie weit kannst du zählen, Anna?«, wollte Mauselinchen wissen.

Anna Zaubermond überlegte. »Ich bin nicht sicher. Es dauert so lange, weit zu zählen, meistens schlafe ich irgendwann dabei ein.«

»Du bist ja auch eine Schlaf-Expertin«, meinte Ticktack. »Du schläfst bei allem ein.«

»Wetten, dass ich beim Kitzeln nicht einschlafe?«, fragte Anna, und schon hallte das scheppernde Lachen des kleinen Weckers durch den ganzen *Schöne-Träume-Laden.*

Das scheue Schutzengelchen

Die Sonne schien hell durch die Fenster des *Schöne-Träume-Ladens* und kitzelte Mauselinchen an der Nase, während sie aus einer Sandmann-Tasse ihren warmen Holunderbeersaft trank. »Hatschi!«, nieste die kleine Maus. Der Wind, der durch das geöffnete Fenster wehte, blies ihr die Schnurrhaare empor, die Mauselinchen sogleich wieder glatt strich. »Ich glaube, ich brauche noch etwas Honig«, überlegte die kleine Maus. Sie sprang auf und stupste dabei mit dem Ellbogen gegen die Tasse, die zur Seite kippte … und von einem hellen Sonnenstrahl wieder aufgerichtet wurde.

»Nanu? Hat da gerade die Sonne meine Tasse festgehalten?« Mauselinchen nahm ihre Brille ab, putzte sie mit ihrem Schwänzchen und setzte sie wieder auf. »Oh«, machte sie. Es war keineswegs die Sonne gewesen, vor ihr stand ein Engelchen. »Wer bist denn du?«, fragte Mauselinchen.

»Ich bin … uahhh!« Das Engelchen gähnte. »Ups … ich bin ein Schutzengel«, sagte es. »Ich habe gesehen, dass deine Tasse umfällt, und habe sie wieder aufgerichtet, damit nichts von dem guten Saft herausläuft.«

»Danke schön«, sagte Mauselinchen. »Möchtest du probieren?«

»Oh ja, gern«, freute sich der Engel. Er probierte und verzog das Gesicht. »Nicht süß genug«, fand er.

»Stimmt«, sagte Mauselinchen und rief laut: »Anna, kannst du mir bitte etwas Honig bringen?«

Es schepperte. Ticktack kam angetrippelt. »Du bist eine Süßmaus«, kicherte er. »Holunderbeersaft *muss* sauer schmecken.« Da entdeckte er das Schutzengelchen. »Was machst du denn hier?«

Der Engel gähnte. »Probier mal«, sagte er und schob Ticktack die Tasse hin. Der Wecker löffelte etwas Saft in seinen Mund. »Urgs«, machte er.

»Sauer?«, fragte Mauselinchen kichernd.

»Das ist bestimmt gar kein Holunderbeersaft«, entschied Ticktack. »Das ist Saurekirschensaft.«

Der Schutzengel lachte. »Du bist lustig«, fand er.

Da kam Anna mit dem Honig. »Ach, wir haben Besuch«, freute sie sich. »Ich habe gar nicht das Ping ping ping ping! der Tür gehört.«

»Ich bin durch das Fenster gekommen«, entschuldigte der Engel sich.

»Er hat meinen Saft gerettet«, erklärte Mauselinchen.

Der Schutzengel flatterte mit den Flügeln. »Und ich habe eine Frage«, sagte er. »Ihr seid doch die Schlaf-Helfer, richtig? Ich brauche euch.« Er gähnte schon wieder. »Ich bin

alt genug, um nicht mehr bei meiner Mama in der Wolke zu schlafen. Ich habe jetzt eine eigene Wolke.« Das Engelchen reckte stolz seine Flügel in die Höhe. »Leider habe ich noch ein bisschen Angst so allein. Es ist fürchterlich dunkel in dieser Wolke.«

»Wie dunkel denn?«, wollte Ticktack wissen.

Der Engel flog auf, stellte sich vor den Wecker und hielt ihm die Flügel vor die Augen. »So dunkel«, sagte er.

»Oh, das ist düster«, fand Ticktack und schob die Flügel rasch wieder beiseite. Er war froh, dass er ein zart leuchtendes Ziffernblatt hatte. »Wie wäre eine Taschenlampe?«, schlug er vor.

»Die ist zu hell«, klagte das Engelchen.

»Ein Steckdosen-Nachtlicht?«, fragte Mauselinchen.

»Es gibt keinen Strom im Himmel«, gab der Schutzengel zu bedenken.

»Kerzen?«, fragte Ticktack.

»Feuer ist keine gute Idee«, fand Anna.

Sie grübelten. »Ich glaube, ich koche erst mal eine Runde Holunderbeersaft für alle«, entschied Anna. Sie gingen gemeinsam in die Küche. Anna holte schnell die Saftflasche und das Schutzengelchen trug flatternd drei kleine und eine große Tasse aus dem Regal zum Tisch. Bald dampften die Tassen und der Holunderbeersaft glänzte dunkellila darin.

»Mhm, sehr lecker«, fand der kleine Schutzengel. Er sah in die Flamme des Teelichts, das die Saftkanne warm hielt.

»Kerzenlicht wäre am schönsten«, flüsterte er. »Nicht so hell. Wenn es nur nicht so gefährlich wäre …«

Ticktack ließ aufgeregt seinen Sekundenzeiger ticken. »Anna, wir haben doch im letzten Winter ein Kerzenfest im Laden gefeiert, weißt du noch?«

Anna Zaubermond nickte.

»Und damit sich kein Kind die Finger verbrennt, haben wir auf den Boden nur die sicheren Teelichter gestellt!«, rief Ticktack.

»Stimmt«, sagte Mauselinchen. »Die haben kein echtes Feuer. Ich weiß, wo sie sind!« Die Maus flitzte davon und kam mit einem solchen Teelicht zurück. Anna schaltete es an.

Der kleine Schutzengel betrachtete die unechte Flamme. »Das gefällt mir«, sagte er.

»Aber es ist ja nicht sehr hübsch«, fand Mauselinchen. »Ich bastle noch eine Hülle dafür.«

Schon witschte das eifrige Mäuschen wieder davon. Es zeichnete, schnipselte und klebte. Ab und zu hörten die anderen es fiepen: »Verflixtes Schnurrhaar«, und: »Ja, so passt es.« Als die Tassen leer getrunken waren, kam Mauselinchen zurück. Sie stülpte eine Hülle über das Teelicht. Nun erhellte das Licht eine kleine Stadt mit Häusern und Bäumen.

»Oh, das ist himmlisch«, fand der kleine Schutzengel. »Es passt wunderbar in meine Wolke, danke schön. Ich trage es gleich hoch. Wenn ihr mal einen Schutzengel braucht, ruft

einfach, dann komme ich!«, versprach er und flog durch das Küchenfenster davon.

Mauselinchen sah auf ihre Tasse. »Der Saft ist kalt«, sagte sie.

»Du bekommst neuen«, sagte Anna und schüttete den winzigen Schluck in ihre große Tasse. Dann goss sie allen heißen Saft nach. Dabei stieß sie gegen Ticktacks Tasse, die zur Seite kippte – und von Ticktack gehalten wurde.

»Ich bin auch ein Schutzengel«, rief er. »Nein, ein Schutzwecker. Deshalb sollte ich heute Nacht bei dir schlafen. Um dich zu beschützen.«

Anna lachte und sagte: »Das ist eine gute Idee. Wenn du links auf meinem Kopfkissen sitzt und Mauselinchen rechts, dann brauche ich keinen anderen Schutzengel.«

Ja, genau das fanden Ticktack und Mauselinchen auch.

Das kribbelige Kamel

Emsig flitzte Mauselinchen mit ihrem Ministaubwedel über die Fensterbank. Anna hatte die Schaufenster gerade mit Betten für die kleinsten Kunden dekoriert. Neben einem großen Holzschuh mit dunkelblauer Filzdecke lag eine winzige braune Walnussschale mit einem flauschigen Kissen. Es gab auch ein hübsches Puppenbett. Das Schönste aber war die Hängematte, die Anna quer vor das Fenster gespannt hatte: An goldenen Kordeln baumelte ein einladendes Nestchen aus feinstem dunkelrotem Samt. Mauselinchen sah sich um: Anna und Ticktack waren nicht im Laden. Rasch schlüpfte die kleine Maus in das Samtnestchen und kuschelte sich ein. Oh, wie himmlisch es sich darin lag! Seufzend schloss Mauselinchen die Augen.

Ping ping ping ping! Die Ladentür sprang auf. Mauselinchen drehte vor Schreck mitsamt der Hängematte einen Purzelbaum und plumpste dann in den Holzschuh. Dabei verlor sie ihre Brille und konnte deshalb nicht sehen, was für ein Kunde den Laden betreten hatte. Er war jedenfalls groß und rannte hektisch hin und her. Mauselinchen tastete nach ihrer

Brille und setzte sie auf. »Ach, du heiliges Kamel!«, rief sie erstaunt.

Der große Kunde drehte sich suchend um. Er war wirklich ein Kamel! Dann entdeckte er das Mäuschen und lächelte. »Guten Tag, guten Tag«, sagte er aufgekratzt und trippelte dabei mit den Hufen auf und ab.

»Ähm, musst du aufs Klo?«, fragte Ticktack, der nun auf dem Tresen stand. »Du wackelst so nervös herum.«

»Psst«, zischte Mauselinchen. Es war unhöflich, so etwas zu sagen!

»Warum?«, fragte Ticktack. »Ist doch nett, wenn ich ihm das Klo zeige.«

»Toilette«, verbesserte Mauselinchen.

»Pfff«, machte Ticktack und verschränkte beleidigt die Arme.

Das Kamel lief unterdessen immer noch hin und her. Mauselinchen und Ticktack wurde bald schwindelig vom Zuschauen.

»Macht das nicht müde?«, fragte Ticktack weiter.

»Nein, leider nicht, das ist ja gerade das Problem«, sprudelte das Kamel hervor. »Keine Ruhe, keine Ruhe, ich muss laufen, ständig laufen.«

Nun schob Anna ihren Kopf durch die Tür. Als sie das Kamel entdeckte, strahlte sie. »Welch seltener Besuch in unserem Laden!«, rief sie. »Was kann ich für dich tun?«

»Keine Ruhe, ich kann nicht schlafen, niemals schlafen, muss immer rennen, weiterrennen …«

Anna hob den Zeigefinger an die Lippen. »Hm, du musst wohl viel laufen in deinem Leben?«

Das Kamel trabte nun in großen Kreisen um den Tresen herum. Ängstlich betrachtete Mauselinchen die vielen wertvollen Fläschchen in den Regalen. Doch das Kamel war äußerst geschickt, nichts fiel hinunter.

»Ja, ich bin Jamal, ein weltbekanntes Rennkamel, Rennkamel«, erzählte das Tier. »Ich bin berühmt für meine Schnelligkeit. Schaut nur meine Beine an.« Es blieb vorm Tresen stehen und tänzelte mit seinen Hufen auf der Stelle. Die Beine bewegten sich so schnell, dass Mauselinchen sie gar nicht mehr einzeln sehen konnte. Ticktack tickte immer aufgeregter, als wollte sein Sekundenzeiger mittänzeln.

Anna nickte. »Und abends kommen deine Beine nicht zur Ruhe?«

»Nein, in der Tat, sie zappeln ständig, stets und ständig.«

Ticktack sprang vor. »Ich weiß, was wir machen«, juchzte er. »Wir binden einfach ein Seil um deine Beine, und zack! – ist Ruhe!«

Das Kamel riss erstaunt die Augen auf und blieb verwirrt still stehen.

»Seht ihr, es wirkt schon!«, rief Ticktack aufgeregt.

Doch da trippelte das Kamel wieder los, diesmal noch schneller.

»Keine Angst«, beruhigte Anna das Kamel. »Wir binden deine Beine nicht fest.«

»Nicht?«, maulte Ticktack.

»Nein. Was du brauchst, lieber Jamal, ist ein Zauberspruch für deine Beine.«

Das Kamel schnaubte erfreut. »Jawohl, das brauche ich. Einen Zauberspruch! Weißt du einen?«

Anna beugte sich schon über eine alte Schatztruhe, in der sie knisternd kramte. »Warte ... ich weiß doch, dass hier irgendwo ... ich hab's!« Sie tauchte mit einem kleinen Kästchen in der Hand wieder auf. Es hatte goldene Ecken und obendrauf war ein Mosaik aus kostbaren Steinen. Als sie es auf den Tresen legte und öffnete, beugten sich alle neugierig darüber. Eine winzige Papierrolle lag darin. Mauselinchen öffnete sie und las flüsternd vor:

»Meine Beine liegen still,
ruhen nun, weil ich es will.
Meine Beine werden schwer
und entspannen immer mehr.«

»Das ist alles?«, fragte das Kamel erstaunt.

Anna nickte. »Du musst dich hinlegen und den Zauberspruch immer wieder leise vor dich hin sagen. Du kannst ihn auch für die Arme oder den Rücken benutzen. Es wirkt gut.«

Das Kamel legte sich gleich auf den dicken, weichen Teppich, der mitten im Laden lag. Seine zappelnden Hufe klapperten leise gegeneinander. »Lies mir vor, Anna!«, bat es.

»Meine Beine liegen still,
ruhen nun, weil ich es will.
Meine Beine werden schwer
und entspannen immer mehr.«

Wieder und wieder las Anna den Zauberspruch leise vor – und tatsächlich: Die langen Kamelbeine zappelten immer weniger. Schließlich war das Tacke-di-tack der Hufe verhallt, und stattdessen ertönte nun sanftes Schnarchen durch den Laden.

»Das ist ja wirklich Zauberei«, staunte Mauselinchen.

»Lassen wir ihn eine Weile schlafen«, wisperte Anna. Sie griff nach ihrer Dose mit Mondgoldstaub und streute ein wenig davon auf das Kamel, das sanft durch den Laden in den großen Schlafsaal schwebte.

»Bitte, bitte, bitte, ich auch«, bettelte Ticktack.

Anna lächelte und streute drei Staubkörnchen über den Wecker und zwei Staubkörnchen über die kleine Maus.

»Na, dann kommt, ich muss noch ein Sternenkissen häkeln«, sagte Anna schmunzelnd. »Ihr könnt mir schwebend das Garn halten.«

Und so mischte sich fröhliches Gekicher mit dem friedlichen Schnarchen Jamals, und es kehrte wieder Ruhe ein im kleinen *Schöne-Träume-Laden.*

Der schwankende Schornsteinfeger

»Guten Morgen! Alle ausgeschlafen?« Ping ping ping ping! Fröhlich schwebte Gustav mit seiner Posttasche durch die Tür. Er musste sie nicht öffnen, weil er als Gespenst natürlich hindurchschweben konnte, aber er liebte es, an den Türglöckchen zu rütteln. »Die Post ist da!«

»Oh danke«, sagte Anna und nahm ihm die Briefe ab.

»Nichts zu danken. Ich gehe lieber gleich wieder, es ist ja so einschläfernd bei euch!«, rief Gustav grinsend und stieß zum Abschied noch einmal an die Türglöckchen: Ping ping ping ping!

»Wer war denn das?«, wollte Ticktack wissen, der gähnend aus dem Schlafsaal kam. »Ich bin gerade erst aufgewacht. Die neue Eichhörnchenkugel ist sooo gemütlich!«

»Kobel«, verbesserte Mauselinchen und rückte wichtig ihre Brille zurecht. »Das heißt Eichhörnchenkobel.«

»Kobelkobelkobel«, ratterte Ticktack beleidigt. »Du bist so eine Besserwissermaus.«

Ping ping ping ping!

»Hallo, ihr drei!«, rief eine freundliche Stimme. Diesmal war es Jockel, der Schornsteinfeger.

»Nanu, Jockel? Ist es schon wieder Zeit, den Schornstein zu fegen?«, wunderte sich Anna.

»Nein, nein«, sagte Jockel. »Ich habe eine Bitte an dich, Anna ...«

»Setz dich doch«, fiepte Mauselinchen und wies auf das Sofa.

»Besser nicht«, meinte Jockel. »Meine Hose ist ganz rußig.«

Ticktack kicherte. »Macht nichts, die Saubermaus putzt nachher sowieso wieder.«

Mauselinchen warf Ticktack einen wütenden Blick zu und drehte dann geschwind an seiner Schraube, sodass sein Minutenzeiger zwei Minuten vorging.

»Hey, du Fiesmaus!«

Jockel grinste. »Ihr seid lustig. Also, ich habe ein Schlafproblem. Am Tag bin ich ein umsichtiger Kletterer. Kein Dach ist vor mir sicher, ich balanciere auf Dachfirsten wie ein Tänzer auf dem Seil.« Er seufzte. »Doch in der Nacht spielen meine Träume mir einen Streich. Darin klettere und springe ich viel wilder herum als in Wirklichkeit. Ich hüpfe von Schornstein zu Schornstein, mache Purzelbäume und schwinge mich von Dachrinne zu Dachrinne.«

»Oh, wie toll, das möchte ich auch einmal träumen«, schwärmte Mauselinchen.

»Leider tobe ich dabei so im Bett herum, dass ich jede Nacht herausfalle.« Jockel wurde rot. »Inzwischen habe ich überall blaue Flecken. Ich habe schon versucht, auf dem Boden zu schlafen, aber das ist sehr unbequem. Liebe Anna«, er sah sie hoffnungsvoll an. »Hast du eine Lösung für mich?«

Ticktack rasselte: »Ich weiß die Lösung. Du wickelst dich ein wie eine Mumie. Dann liegst du still und starr im Bett.«

Jockel lachte laut los. »Das ist eine super Idee. Aber jemand muss mich ein- und auswickeln, und ich lebe doch allein.« Er beugte sich vor. »Oder kommst du morgens und abends und hilfst mir?«

Ticktack hob empört die Augenbrauen. »Ich bin doch kein Diener«, erwiderte er kopfschüttelnd.

Mauselinchen flitzte Annas Arm hinauf und flüsterte ihr etwas ins Ohr.

»Ja, das machen wir«, stimmte Anna zu. »Komm, Jockel, wir zeigen dir mal die verschiedenen Betten in unserem Schlafsaal. Vielleicht ist eines dabei, das dir helfen kann.«

Jockel verschwand im Bad und kam mit sauberen Händen zu ihnen in den Schlafsaal. Seine schwarze Arbeitskleidung hatte er ausgezogen und stand nun in hellblauer Unterwäsche mit roten Herzen vor ihnen.

»Hübsch«, fand Ticktack. »Ich finde, damit passt du am besten in die Hängematte.«

Neugierig kletterte Jockel in die große blaue Hängematte, die mit Sternen bestickt war.

»Man kann von innen den Reißverschluss zuziehen«, erklärte Mauselinchen.

Jockel ritschte den Verschluss zu. Dann begann er, in der Hängematte herumzuzappeln. Dabei drehte er sich mehrmals um sich selbst.

»Er sieht aus wie eine verrückt gewordene Raupe«, flüsterte Ticktack kichernd.

Im nächsten Moment ritschte der Reißverschluss wieder auf, und aus der Hängematte stieg ein sehr grün aussehender Jockel. »Puh, ist mir schlecht«, stöhnte er. »Ich fürchte, das ist nichts für mich.« Er atmete tief durch. »Aber das da würde ich gern mal probieren.«

»Den Sarg?«, rief Mauselinchen verwundert. »Der ist doch nur für Vampire.«

Anna überlegte. »Na ja, aber er kann nicht herausfallen. Probier es, Jockel, es sind genügend Luftlöcher drin.«

Der Schornsteinfeger legte sich in den weich ausgepolsterten Sarg und schloss den Deckel.

»Gemütlich«, tönte es dumpf aus dem Inneren. »Aber ich kann mich überhaupt nicht bewegen. Liegen Vampire denn völlig still?« Er kletterte wieder heraus.

»Ja, Vampire bewegen sich im Schlaf nicht«, sagte Mauselinchen.

Erschöpft fiel Jockel auf ein ganz normales Bett.

»Dieses Bett ist aus Frankreich«, erklärte Anna. »Die Franzosen hatten schon immer breitere Betten als wir. Und sie ha-

ben auch andere Decken: sehr große, die sie am Rand feststecken … ich hab's!« Sie strahlte. »Jockel, kriech doch einmal unter die Bettdecke.«

»Sie ist überall so fest eingesteckt, ich komme kaum darunter«, sagte er, doch er schaffte es. »Ahh, das ist kuschlig«, fand er und zappelte ein bisschen herum. »Und ich kann nicht herausfallen.« Strahlend sah er Anna an. »Das ist es. Das ist wunderbar.«

Da Jockel für diesen Rat nichts bezahlen musste, versprach er, ihren Kamin beim nächsten Mal umsonst auszufegen. Er zog sich an und drückte Anna einen Kuss auf die Wange. »Das bringt Glück«, versprach er.

»Ich auch, ich auch«, bettelten Ticktack und Mauselinchen. Nach zwei weiteren Küsschen verabschiedete Jockel sich winkend.

»Du, Anna«, sagte Ticktack nachdenklich. »Könntest du mir vielleicht auch so einen Schlafanzug nähen? In Blau und mit so schönen Herzen?«

Anna nickte lachend. Und dann kramten sie in Annas vielen Schubladen und suchten nach hellblauem Stoff mit hübschen roten Herzen.

Das steppende Sternchen

Es war eine laue Mainacht, als Anna ihre beiden Helferchen in einem Korb Richtung Fluss trug. Sie musste eine Weile gehen, bis der Weg schmaler wurde und die vielen Lichter der Stadt verblassten. Endlich konnte Anna zum Aussichtshügel hinaufsteigen. Um sie herum war es stockdunkel.

»Es ist ja ein bisschen gruselig«, fand Ticktack und duckte sich tiefer in den Korb.

Doch da nahm Anna ihn schon heraus und stellte ihn auf eine Bank.

»Gleich mache ich Kerzen an«, versprach sie. »Aber erst wollen wir die Sterne anschauen.« Sie legte sich auf die Bank, und Ticktack und Mauselinchen machten es sich auf ihrem Bauch gemütlich. Gemeinsam blickten sie in den dunklen Himmel. Je länger sie so dalagen, desto mehr Sterne sahen sie.

»Das ist zauberhaft«, flüsterte Mauselinchen verzückt. »Es müssen Millionen Sterne sein.«

»Da ist sogar einer, der blinkt!«, rief Ticktack und deutete auf einen sehr hellen Stern.

»Eine Sternschnuppe«, jubelte Mauselinchen.

Die Sternschnuppe fiel und fiel und fiel – und kam immer näher! Schließlich landete sie mit einem sanften Rauschen genau auf dem Hügel.

»Hoppsala!«, rief ein helles Stimmchen.

Mauselinchen krabbelte unter Annas Strickjacke. »Die Sternschnuppe spricht«, fiepte sie erschrocken.

Anna schob Ticktack sanft zur Seite, stand auf und ging näher zu dem leuchtenden Ding, das vom Himmel gefallen war.

»Du bist ja tatsächlich ein Sternchen«, sagte sie freundlich.

Der kleine Stern stand jetzt auf zwei seiner spitzen Beinchen und kicherte. »Habe ich euch erschreckt? Das tut mir sehr leid. Ich bin immer so aufgeregt, wenn es Nacht wird, und manchmal falle ich herunter …«

»Du fällst öfter vom Himmel?«, fragte Ticktack.

»Ja leider, ich bin immer so zappelig«, erklärte der kleine Stern und führte einen Stepptanz auf, bei dem die Sternenbeinchen lustig auf den Boden patschten. »Tadaa!«

»Sehr gut«, fand Anna und klatschte. »Möchtest du mit uns picknicken?«

Das wollte der kleine Stern sehr gerne.

Anna breitete eine Tischdecke auf dem Boden aus, und alle knabberten Salzbrezeln und Weintrauben und tranken warmen Kakao dazu.

»Oh, das ist herrlich«, seufzte der kleine Stern zufrieden.

Anna sah ihn besorgt an. »Tut dir das Landen auf der Erde nicht weh?«

»Ein bisschen«, gab der kleine Stern zu. »Und ich werde gleich viel Schimpfe dafür bekommen. Sterne sollen nachts still am Himmel hängen und für die Menschen und Tiere strahlen. Ich bemühe mich ja auch, aber dann denke ich ans Tanzen, und schwupps – zappeln meine Beinchen.«

Ticktack wusste mal wieder einen schlauen Rat und meinte: »Denk doch ans Stillliegen, dann bleibste auch oben.«

Der kleine Stern grinste. »Das ist aber soooo langweilig!«

»Zeig uns mal, wie es geht«, bat Anna.

»Oh ja, gern!«, rief der kleine Stern aufgeregt. Er legte sich mit dem Rücken auf den Boden und streckte Arme und Beine weit von sich. Ticktack und Mauselinchen machten gleich mit und bemühten sich, alles weit auszustrecken. »Den Kopf ganz locker halten«, riet der kleine Stern. »Und jetzt ... strahlen!« Sofort blitzte und blinkte sein Sternenlicht auf.

»Das machst du toll«, lobte Anna. »Du bist ein sehr hübscher Stern.«

»Danke«, sagte der kleine Stern.

»Es muss wundervoll sein, wenn man durch die Nacht segelt«, meinte Mauselinchen sehnsüchtig. Sie stand auf und lief mit ausgebreiteten Armen über den Hügel. »Ich fliiiiiege«, rief sie. Dann blieb sie plötzlich stehen. »*Das* kannst du dir doch vorstellen.«

»Was?«, fragte Ticktack. »Wie du verrückt über einen Hügel rennst?«

Mauselinchen warf ihm einen strengen Blick zu. »Nein«, sagte sie und wandte sich zum kleinen Stern. »Du stellst dir vor, du fliegst. Du denkst daran, was du alles sehen würdest, das ist wie träumen.«

Der kleine Stern hopste aufgeregt von einem Beinchen auf das andere. »Das finde ich super!«, rief er.

»Und damit deine Gedanken beim Fliegen bleiben, singst du ein Lied dazu«, schlug Anna vor. »Warte, ich denke mir eines aus.« Es war kurz still, dann begann Anna, leise zu summen.

»Das klingt wie ›Schlaf, Kindlein, schlaf‹«, meinte Mauselinchen.

Anna nickte, sang dann aber einen neuen Text dazu:

»Ich flieg durch die Nacht,
der Mond gibt auf mich acht,
ich fliege über Baum und Dach,
Fuchs und Eule sind noch wach,
ich flieg durch die Nacht.«

»Das klingt schön«, lobte Ticktack. »Mach noch eine Strophe.«

Anna sang weiter:

»Ich flieg durch die Nacht,
der Mond gibt auf mich acht,
ganz still und ruhig schweb ich hier,
ganz leise wird es auch in mir,
ich flieg durch die Nacht«.

Der kleine Stern strahlte noch heller als zuvor. Plötzlich schwebte er ein Stück über dem Boden und steuerte auf Anna zu. Er schmatzte ihr einen Kuss auf die Wange. »Ich danke dir«, flüsterte er. »Jetzt muss ich nach Hause. Macht es gut, ihr tollen Erdbewohner!«

Schon stieg er schnell und immer schneller den Himmel hinauf, bis er schließlich an einer Stelle verharrte und hell blinkte.

»Er zwinkert uns zu«, meinte Mauselinchen.

Ticktack kicherte. »Du hast da was an der Backe, Anna«, sagte er.

Tatsächlich, auf Annas Wange funkelte der Sternenstaub des Kusses. Er leuchtete den ganzen Abend und begleitete die drei Freunde auf ihrem Heimweg, auf dem sie glücklich das neue Lied vor sich hin sangen.

Die schlaflose Serafina

»Fiderallala, fiderallala«, sang Mauselinchen vor sich hin, während sie gedankenverloren ihre Schnurrhaare bürstete.

Ticktack stand neben ihr auf der Fensterbank und polierte sein Uhrenglas. »Horch mal«, sagte er plötzlich. »Du hast ein Echo.« Und tatsächlich: Ganz leise erklang von draußen ein »Fiderallala, fiderallala ...«

Mauselinchen spitzte die Öhrchen. »Ah, die Stimme kenne ich. Das ist doch die berühmte Opernsängerin Serafina. Bestimmt läuft irgendwo ein Radio.« Sie summte mit.

Ping ping ping ping!

Eine Frau in einem hellblauen Kleid kam hereingeschwebt und trällerte lächelnd vor sich hin: »Fiderallalala ...«

»Das ist sie«, sagte Mauselinchen verblüfft.

»Von wegen Radio«, meinte Ticktack und ließ seinen Sekundenzeiger im Takt mitschwingen.

Mauselinchen klatschte.

»Ach, guten Tag«, sagte Serafina und verbeugte sich. »Seid ihr hier die Chefs?«

Ticktack nickte heftig, doch Mauselinchen wurde rot. »Nein, nicht wirklich …«

In diesem Moment trat Anna in den Ladenraum. »Guten Morgen, kann ich Ihnen … oh, Sie sind Serafina, nicht wahr?« Staunend kam sie näher.

Serafina nickte. »Ich habe von Ihrem wunderbaren Schöne-Träume-Laden gehört und dachte mir, Sie können mir vielleicht helfen …«

»Aber natürlich«, versicherte Ticktack.

Serafina wandte sich zu ihm und erklärte: »Ich muss viel reisen. Von Oper zu Oper, von Land zu Land, von einem Hotel in das nächste. Das ist wunderschön, aber auch anstrengend. Wenn ich den ganzen Abend gesungen habe, muss ich rasch schlafen, damit ich am nächsten Tag weiterreisen kann.«

Ticktack freute sich, dass die fantastische Sängerin mit ihm sprach, und fragte: »Und Sie können dann nicht einschlafen?«

Serafina nickte. »Die Musik klingt noch in meinem Kopf nach. Ich habe es schon mit Ohrstöpseln versucht, mit dicken Kissen, mit Beruhigungsübungen … nichts hilft. Solange die Musik in meinem Kopf so laut schwingt, schlafe ich nicht ein.«

Ticktack nickte verständnisvoll. »Ja, die Musik ... könnten Sie vielleicht, ich meine, würden Sie eventuell mit mir ...« Sein Metall schimmerte rosa. »Kennen Sie das Lied von den Uhren?«

Serafina strahlte. »Du meinst sicher das Tick-tack-Kinderlied? Aber natürlich. Ich liebe es. Schlägst du den Takt dazu?«

Ticktack richtete sich auf und begann: *Tick-tack-tick-tack ...* Serafina stimmte mit glockenheller Stimme an: »Große Uhren gehen tick-tack, tick-tack, kleine Uhren gehen ticke-tacke, ticke-tacke und die kleinen Taschenuhren ticke-tacke-ticke-tacke-tick.« Mauselinchen und Anna sangen mit. Ticktack wiegte selig seinen Kopf zur Melodie.

Serafina wiederholte das Lied noch mehrere Male, und Ticktack war sehr verzückt, aber ab und zu drehte er unwillig den Kopf zur Seite. Am Schluss applaudierten alle, auch Serafina. »Das habt ihr wundervoll gemacht. Besonders der Takt war sehr präzise.«

Ticktack lächelte stolz. »Nur das Geraschel hat gestört«, sagte er und drehte sich zum Fenster. »Da kann man sich ja gar nicht auf die Musik konzentrieren.« Vor dem geöffneten Fenster hing ein wunderschönes Mobile aus bunten Kreppbändern, das leise im Wind raschelte.

Neugierig ging Serafina einen Schritt darauf zu und berührte es. »Das ist aber schön«, murmelte sie und pustete sanft dagegen. *Rischel-raschel ...* Sie schloss die Augen.

Anna sah ihre kleinen Helfer fragend an. Mauselinchen

zuckte mit den Schultern, und Ticktack legte mahnend den Finger auf die Lippen: »Psst!«

Da schlug Serafina die Augen wieder auf. »Das ist perfekt! Könnte ich das Mobile kaufen?«

»Aber ja«, versicherte Ticktack. »Für Sie kostet es nur einen Cent.«

Serafina lachte. »Das ist nett von dir, aber ich zahle natürlich dasselbe wie alle anderen Kunden.« Sie ging mit Anna zum Tresen, die das Mobile sorgfältig einpackte und das Geld entgegennahm.

»Morgen Abend gebe ich ein Konzert in der Marktkirche«, sagte Serafina. »Lieber Wecker, würdest du mir die Freude machen und dort den Takt für mich schlagen?«

»Beim Ko-Ko-Konzert?«, stammelte Ticktack aufgeregt.

»Ja, das wäre wunderbar. Und deine beiden Freunde hören im Publikum zu.«

»Ja!«, rief Mauselinchen und hüpfte um Ticktack herum. »Ja, das macht er, das ist toll!«

Ticktack schielte auf seine Zeiger, die aufgeregt herumwirbelten. »Sehr gern«, antwortete er dann und verbeugte sich.

So kam es, dass am nächsten Abend in der Marktkirche ein melodisches Ticken zu hören war, das sehr gut zum zarten Gesang der berühmten Opernsängerin passte. Anna und Mauselinchen blickten stolz auf ihren Freund, der überglücklich den Kopf reckte und am Ende des Konzerts ein lautes DRRRRRR! erschallen ließ.

Das minikleine Monster

»Hierhin, hierhin!«, rief Ticktack und winkte Anna zu sich in die hinterste Ecke des Schlafsaals.

Vor einigen Tagen hatten sie ein großes Bett verkauft, sodass ein Platz im Schlafsaal frei geworden war. Anna hatte beim Schreiner sofort ein fantastisches neues Bett in Auftrag gegeben, das nun aufgestellt werden konnte: Es war ein großes hölzernes Fass. Anna rollte, schob und drückte, bis die neue Ruheinsel endlich in der Ecke stand.

Ticktack krabbelte sofort durch die kleine eingebaute Tür am unteren Rand hinein.

Anna sah von oben in das Fass. »Na, wie ist es?«, fragte sie.

»Leer«, antwortete Ticktack. »Schmeißt Kissen rein!«

Anna suchte ein Kuschelkissen und warf es von oben in das Fass.

»Mehr!«, rief Ticktack.

Anna warf zwei weitere Kissen hinein.

»Mehr, mehr, mehr«, verlangte Ticktack.

Anna warf noch ein Herzkissen, ein Sternkissen, einen

Kuschelteddy und ein schwarzes Wuschelkissen, an das sie sich gar nicht erinnern konnte, hinein.

»STOPP!«, brüllte Ticktack. »Willst du mich zerquetschen?«

Mauselinchen kicherte. »Mit Kissen zerquetschen? Das geht wohl nicht.«

»Geht doch. Ich bin ein sehr empfindlicher Wecker«, tönte es dumpf aus dem Fass. Dann hörten sie ihn rumoren, bis er schließlich meinte: »Ah, ist das gemütlich!«

Nun huschte auch Mauselinchen in das Fass, und Anna schaute durch die Tür zu ihnen hinein.

Plötzlich quiekte Ticktack auf. »Ah!«, schrie er. »Das Kissen hat mich gebissen!« Er schoss aus dem Fass heraus und zog Mauselinchen mit sich.

Anna lachte. »Du meinst, du hast dich irgendwo gestoßen.«

»Nein, das Kissen hat mich gebissen«, versicherte Ticktack.

»Kissen können nicht beißen«, fiepte Mauselinchen, versteckte sich aber sicherheitshalber hinter ihrem Weckerfreund.

»Das schwarze wohl«, maulte Ticktack. »Es hat ganz sicher gebissen.«

»Nicht gebissen, gezwickt«, kam es aus dem Fass.

»Aaaah!«, schrien Ticktack und Mauselinchen und klammerten sich an Annas geringelte Strumpfhosenbeine.

Anna beugte sich über das Fass. »Hallo?«, fragte sie. »Wer ist denn da?«

Das schwarze Kissen kroch im Fass hoch und setzte sich auf den Holzrand. Anna blickte es genauer an. »Du bist kein Kissen«, sagte sie lächelnd. »Du bist …«

»… ein Monster, genau. Ein Minimonster. Guten Tag.«

»Gebissen«, fauchte Ticktack.

Das Minimonster winkte ihm zu. »Nein gezwickt«, versicherte es. »Tut mir leid, du lagst mit deiner harten Metallschraube genau auf meinem Bauch.«

Mauselinchen kletterte auf Annas Schulter. »Was machst du bei uns?«, fragte sie.

»Bei euch bin ich in Sicherheit«, erklärte das Minimonster ernst. »Hier gibt es keine Gespenster. Die trauen sich hier gar nicht rein. Deshalb muss ich jetzt immer bei euch schlafen, unter meinem Bett gibt's nämlich welche. Da schlaf ich nicht mehr.«

Ticktack schüttelte den Kopf. »Das ist Quatsch. Gespenster sind nie unterm Bett. Die fliegen umher. Unterm Bett gibt's höchstens Monster.«

»Na, das wüsste ich aber«, erwiderte das Minimonster. »Ich bin NIE unterm Bett. Da ist es viel zu staubig. Monster haben so viele Haare, wie sollen wir die denn immer wieder sauber kriegen? Nä, unterm Bett sind nur Gespenster.«

Nun musste Anna laut lachen. »Ihr Lieben, ich fürchte, keiner hat recht. Unterm Bett gibt's höchstens mal Staubmäuse. Gespenster lieben alte Gemäuer. Und sie erschrecken übrigens niemanden, außer jemand will ihnen etwas Böses. Ist das bei Monstern nicht genauso?«

Das Minimonster nickte eifrig. »Alle denken, Monster sind fies. Dabei sind wir soo nett!«

Ticktack überlegte. »Kannst du Karten spielen?«

»Klar«, sagte das Monster.

»Wenn du mit mir spielst, verrate ich dir unser Geheimnis, wie man Monster ... äh ... Gespenster unterm Bett wegbekommt.«

»Echt?« Das Monster strahlte. »Na, dann her mit den Karten!«

Im Nu saßen die beiden auf dem Sofa und spielten Mau-Mau. Mauselinchen wollte lieber Schiedsrichter sein. Anna brachte Saft. Als Ticktack und das Minimonster sich endlich müde gespielt und jede Menge Saft getrunken hatten, plumpste das Monster auf den Rücken und rieb sich den dicken Bauch. »Und wie geht das nun mit dem Gespenstervertreiben?«, wollte es wissen.

Mauselinchen wieselte eilig davon und kam bald mit einer kleinen Sprühflasche zurück. Darin schwappte eine durchsichtige Flüssigkeit hin und her.

»Anti-Gruselwesen-Spray«, flüsterte Ticktack geheimnisvoll. »Du sprühst etwas unters Bett, und zack – sind alle gruseligen Wesen verschwunden.«

Das Minimonster sah die Flasche misstrauisch an. »Zeig mir, dass es funktioniert«, bat es.

Ticktack sprühte einmal unter das Sofa. Dann meinte er: »Guck drunter, los! Da ist nichts mehr, ehrlich!«

Zögernd beugte das Monster sich vor. »Tatsächlich!«, rief es begeistert. »Nicht mal Staubmäuse!«

»Na, das liegt wohl eher an meiner gründlichen Fegerei«, murmelte Mauselinchen leise.

»Das Zeug muss ich haben!«, rief das Minimonster. »Dann kann ich wieder ruhig schlafen!«

»Hier«, sagte Ticktack und reichte es ihm. »Aber kommst du uns trotzdem bald noch mal besuchen?«

»Klar wie Monsterkak... äh, ...kakao«, rief das Minimonster und grinste. Dann verschwand es hurtig durch die Ladentür. Ping ping ping ping!

Anna lobte Ticktack: »Das hast du gut gemacht, mein großer Wecker.«

»Ja«, fand auch Mauselinchen. »Aber du hast das Spray doch auch immer benutzt. Hast du jetzt keine Angst mehr, dass ein Monster unter deinem Bett ist?«

Ticktack rasselte kichernd. »Natürlich nicht«, sagte er. »Das Monster ist doch gerade aus dem Laden gerannt.«

Da lachten sie alle drei und spielten anschließend noch eine lange Runde Mau-Mau. Erst als sie müde wurden, brachte Anna ihre Helfer ins Fass, wo sie gemütlich und monsterfrei einschliefen.

Das schläfrige Schlafschaf

»Bettwettspringen!«, jubelte Ticktack und hüpfte von einem Schlafsaalbett zum anderen. Eigentlich hatten sie aufräumen und alle Kissen wieder schön hinlegen wollen, aber nun sprangen er und Mauselinchen auf den kunterbunten Decken hin und her. Jetzt kletterte sogar Anna auf eine Matratze.

»Hepp!«, rief sie und hüpfte los. Die Bettfedern quietschten, und die Bretter knarrten. Anna nahm ein weiches Kissen und ließ es auf Ticktack fallen, der mit einem »UPFF!« darunter verschwand. Doch im Nu hatte er sich befreit und griff nach einem Nackenkissen, das er wie einen Bumerang zu Anna schleuderte.

»Hey!«, rief sie lachend und plumpste rückwärts in das große Hundekörbchen. Mauselinchen kletterte an ihr hoch und krabbelte ihren Hals entlang, wo Anna sehr kitzelig war. Sie lachte und versuchte, das Mäuschen abzuschütteln, während Ticktack begann, auf ihrem Bauch zu hopsen.

Ping ping ping ping!

»Oh, ein Gast«, quiekte Anna. Sie versuchte, aus dem Hundekörbchen zu klettern, doch da stand der Gast schon vor ihr.

»Hallomäh!«, rief er. »Ich bin schon hier.« Es war ein kleines weißes Schaf, das die drei Bettwettspringer neugierig ansah. »Was tut ihr da? Nach schlafen sieht das nicht aus, mäh!«

Anna kniete sich auf den Boden vor das Schaf und nickte. »Du hast recht. Wir wollten aufräumen, aber dann sind wir lieber herumgehüpft. Möchtest du vielleicht mithüpfen?«

Das Schäfchen sah auf die zerwühlten Kissen und seufzte. »Nein, lieber nicht. Meine Hufe tun mir weh …«

»Musstest du so weit laufen? Du hättest den Bus nehmen können«, meinte Ticktack. »Der fährt genau bis vor unsere Ladentür.«

»Ach, laufen mag ich gern, mäh«, erwiderte das Schaf. »Aber springen möchte ich tagsüber nicht. In meinem Job als Schlafschaf springe ich doch jede Nacht Hunderte Male über den Zaun.«

»Hundert Mal?«, staunte Ticktack.

»Oder noch mäh-mehr«, vermutete das Schaf.

»Du springst für diejenigen über einen Zaun, die nicht einschlafen können, richtig?«, fragte Anna nach.

»Und die zählen dich dann«, ergänzte Mauselinchen. Sie nahm Anlauf und sprang mit einem Mausesatz über den liegenden Ticktack.

»Eins!«, rief Ticktack und kicherte scheppernd.

Das Schaf applaudierte. »Du könntest mit mir kommen. Die Träumer freuen sich bestimmt, wenn zur Abwechslung mal eine Maus übern Zaun hüpft, mäh!«

Mauselinchen hob abwehrend die Pfötchen. »Nein, nein, ich bleibe lieber hier.«

»Aber es macht viel Spaß«, versicherte das Schaf. Dann seufzte es wieder. »Wenigstens solange die Leute sich eine Wiese vorstellen. Oder weiche Wolken. Aber manche denken an eine Straße oder dickes Bauernhofpflaster. Wenn ich die ganze Nacht auf Steine springe, schmerzen meine Hufe morgens, und ich schlafe ganz fürchterlich schlecht, mäh.«

»Ach, du Armer«, flüsterte Anna und kraulte das Schaf am dicken Nackenfell. Es schmiegte sich an Annas Bein und ließ sich trösten.

»Gestern hat Postgespenst Gustav mir von eurem *Schöne-Träume-Laden* erzählt und gemeint, ihr hättet immer eine gute Idee.« Das Schaf sah Anna mit großen Augen an. »Määh, kannst du mir helfen?«

»Klar!«, rief Ticktack. »Wir bauen dir Sprungfedern unter die Hufe.«

Das Schaf wiegte den Kopf und überlegte. »Keine dumme Idee«, fand es.

»Oder ich nähe dir dicke Schühchen, die deine Füße schützen«, überlegte Anna.

»Auch gut!«, rief das Schaf.

Da meldete sich Mauselinchen. »Oder wir geben dir etwas von Annas Zaubersalbe mit«, schlug sie vor.

Anna klatschte begeistert in die Hände. »Das ist die beste Idee!«, rief sie, stand auf und lief zum großen Apothekerschrank. Sie öffnete einige Schubladen, bis sie endlich die richtige gefunden hatte. »Ah, hier ist die Salbe ja. Ich hatte schon kleine Töpfchen damit gefüllt.«

Sie schraubte ein Töpfchen auf und hielt es dem Schaf vor die schnuppernde Nase.

»Määh, das riecht gut«, meinte es.

»Ich habe etwas Mondstaub hineingerührt«, erklärte Anna. »Das lässt die Füße leicht werden. Sicher hilft dir das sehr

gut.« Sie packte das Salbentöpfchen in einen kleinen Stoffbeutel und hängte ihn dem Schaf um den Hals.

»Danke schön, mäh.«

Ticktack hüpfte näher heran. »Kann ich auch mal von dir träumen?«

»Natürlich. Du musst nur vorm Einschlafen Schäfchen zählen und dabei an mich denken. Dann komme ich in deine Gedanken und winke dir zu. Aber ...« Es sah Ticktack bittend an. »Mäh, stell dir weiche Wolken vor, ja?«

Ticktack hob die Finger zum Schwur. »Wecker-Ehrenwort«, versprach er.

Das Schaf verabschiedete sich, und die drei standen wieder allein im *Schöne-Träume-Laden.*

»Was jetzt?«, fragte Anna.

»Kissenschlacht!«, rief Mauselinchen und flitzte davon.

Ticktack und Anna liefen hinterher, und schon bald erklang wieder fröhliches Lachen aus dem bunten Schlafsaal.

Das furchtsame Füchschen

Ping ping ping ping!

»Guten Morgen, ihr Schlafmützen«, trällerte Gustav und hob galant die Postmütze zum Gruß.

»Wir schlafen schon lange nicht mehr«, grunzte Ticktack beleidigt. »Da musst du gar nicht immer so laut bimmeln.«

Das Postgespenst schwebte eigentlich lautlos durch die Ladentür, aber dennoch liebte Gustav es, gegen die kleinen goldenen Glöckchen zu stupsen, damit es klingelte.

»Na, wie gut, dass ihr nicht schlaft!«, meinte Gustav ungerührt. »Das hier sieht mir nämlich nach einem Eilbrief aus.« Er reichte Ticktack einen roten Umschlag mit vielen Ausrufezeichen darauf.

»Anna!«, rief Ticktack. »Komm mal schnell!«

Anna kam natürlich sofort, und als sie den Brief gelesen hatte, sagte sie: »Stimmt. Ein Notfall. Es ist der kleine Fuchs, er braucht unsere Hilfe. Also, hopphopp!« Sie holte ihre Tasche aus der Küche, stopfte Ticktack etwas unsanft hinein und hob Mauselinchen unter ihren Hut.

»Na, dann viel Glück. Aber weckt mir keine schlafenden Füchse!«, kicherte Gustav und schwebte davon.

Anna schloss den Laden zu und radelte mit ihrem bunt bemalten Blumenfahrrad zum Wald. Auf dem Weg zwischen den Bäumen wurden ihre Helferchen arg durchgeschüttelt, und Ticktack rief dumpf aus der Tasche: »He, fahr vorsichtig!«

Zum Glück kamen sie bald an. Anna stellte ihr Rad ab und eilte zu einem großen Baumstumpf, vor dem ein Erdloch zu erahnen war. Sie klopfte gegen das Holz.

»Hallo, Füchschen?«, rief sie leise, und schon wenige Augenblicke später schob sich eine zitternde Nase aus dem Bau.

»W-w-wer da?«, fragte der Fuchs ängstlich.

»Wir sind's, die Notfaller!«, rief Ticktack und sprang aus der Tasche. Die Fuchsnase zuckte zurück.

»Niemand fällt, kleiner Fuchs«, fiepte Mauselinchen. »Wir sind die Notfall-*Helfer*.«

»Jaja«, murrte Ticktack.

»Ich habe deinen Brief gelesen«, erzählte Anna. »Du hast Angst vorm Einschlafen? Warum denn, Füchschen?«

Nun schob sich der ganze Fuchs langsam aus dem Erdloch heraus. Er sah sich misstrauisch um und ließ sich dann erschöpft vor Annas Füße fallen. »Ich hatte vor vielen Tagen einen ganz fürchterlichen Traum von einem riesigen, bösen Fuchs, der mich gejagt hat. Und nun habe ich jede Nacht Angst, noch einmal davon zu träumen. Deshalb schlafe ich kaum ein.«

Anna strich dem armen Fuchs beruhigend über das glän-

zende rotbraune Fell. »Ach, lieber Fuchs, du musst vorm Einschlafen an etwas Schönes denken.«

»Aber das kann ich nicht«, jammerte der Fuchs. »Ich wünschte, ich könnte einen Stein vor meinen Bau rollen, damit kein Traum mehr zu mir hereinkommen kann.«

Mauselinchen saß auf Annas Hut und ließ die Beine baumeln. »Anna«, wisperte sie. »Er braucht einen Beschützer!«

»Ja«, nickte Anna. »Aber wer kann jemanden vor Träumen beschützen?«

Ticktack breitete die Arme aus. »Ich! Ich kann das. Ich bin der perfekte Wachmann.«

Anna hob Ticktack hoch und sah ihm schmunzelnd in die Augen. »Soso, du kannst also allein nachts im Wald vor einem Fuchsbau stehen und Wache halten?«

»N-n-nachts? A-a-allein?«, stotterte Ticktack. »D-d-das hab ich gar nicht gesagt. Ich ... ich meinte ja nur, dass ich einen ... ähh ... basteln kann, genau. Ich kann einen Traumeinfänger basteln.«

»Ja, ein Traumfänger«, jubelte Mauselinchen. »Das ist eine tolle Idee, Ticktack!«

Anna lächelte. Ob Ticktack das gemeint hatte? »Na, dann geht ihr doch mal Sachen für den Traumfänger sammeln«, sagte sie. »Ich bleibe bei Füchschen, damit er sich ausruhen kann. Schnüre und Bänder habe ich in meiner Tasche.«

Wusch, schon waren Mauselinchen und Ticktack verschwunden. Während sie fort waren, kraulte Anna ununter-

brochen das warme Fuchsfell und sang leise ein hübsches Lied über eine sternklare Waldnacht. Der kleine Fuchs wurde immer ruhiger und schlief – so gut behütet – tief ein.

Nach einer langen Weile kamen Ticktack und Mauselinchen zurück, die Arme voller Waldschätze: Zweige, Gräser, Blüten, Blätter, Kastanien und Eicheln.

»Oh, das ist ja wunderbar«, flüsterte Anna. Sie kramte Paketschnur und blaues Samtband aus ihrer Tasche. Dann bastelten sie gemeinsam einen wunderschönen Traumfänger mit einem Netz für böse Träume. »Solche Traumfänger haben die Menschen schon in ganz alten Zeiten gehabt«, meinte Anna.

»Wirklich?«, murmelte der kleine Fuchs schläfrig. Er gähnte. »Oh, ich habe so gut geschlafen«, freute er sich und betrachtete den Traumfänger. »Blau ist meine Lieblingsfarbe«, sagte er glücklich.

Anna hängte den Traumfänger so vor den Eingang des Baus, dass Füchschen sich gerade noch daran vorbeischieben konnte.

»Bitte, bleibt noch etwas hier, ich möchte mich bei euch bedanken«, sagte Füchschen und huschte lautlos durch das dichte Grün.

»Was holt er denn?«, fragte Ticktack. »Geld?«

»Ach was«, schimpfte Mauselinchen. »Ein Fuchs hat doch kein Geld. Er hat sicher eine Überraschung für uns.«

Und was für eine schöne Überraschung der Fuchs hatte! Er kam mit vielen anderen Waldbewohnern zurück, von denen jeder etwas in den Pfoten oder im Schnabel trug: Brombeeren, Esskastanien, Hagebutten, Walderdbeeren, ja, sogar etwas Honig war dabei. Emsig breiteten sie alles auf großen Blättern auf dem Waldboden aus.

»Oh, wie köstlich«, juchzte Mauselinchen und hüpfte näher. Auch Ticktack und Anna bestaunten die Geschenke.

»Ein Waldpicknick«, sagte Anna gerührt. »Das ist sehr nett, Füchschen, vielen Dank.«

Der kleine Fuchs verbeugte sich und huschte mit seinen Freunden davon.

Die drei Schlaf-Helden aber ließen sich auf dem weichen Waldboden von der Sonne wärmen und knabberten ihr wunderbares Picknick.

Der ordentliche Opa

DING-DONG!

Mauselinchen zuckte zusammen. Jedes Mal, wenn sie bei Annas Opa an der Haustür klingelten, erschrak sie bei dem durchdringenden Gong, der so viel lauter war als das hübsche Ping ping ping ping! des *Schöne-Träume-Ladens*.

Opa Fiete riss die Tür auf und strahlte. »Da seid ihr ja!«, rief er begeistert. »Die Torte wartet schon.« Vorsichtig schnappte er sich Mauselinchen und steckte sie in seine Pullundertasche, wo sie sich sofort gemütlich einkuschelte. Mhm, Opa Fiete roch immer so gut!

»Und, wo ist mein großer Wecker?«, fragte Opa Fiete, während er Anna umarmte.

»Gerade war er noch hier«, murmelte Anna, die wusste, wie gerne Ticktack Verstecken mit ihrem Opa spielte.

»Ich höre ... ein Ticken«, flüsterte Opa Fiete und beugte sich über Annas Tasche.

Plötzlich sprang Ticktack aus der Tasche und brüllte: »Buh!«

»Oh, hast du mich erschreckt!«, rief Opa Fiete und nahm

Ticktack nach oben, um ihn liebevoll an seine Wange zu schmiegen. Ticktack drückte ihm einen dicken Schmatzer auf die Backe.

»Jetzt aber zur Torte«, sagte Opa Fiete und führte sie in die gute Stube.

Ticktack sprang sofort zur großen Standuhr und unterhielt sich eine Weile in der Ticksprache mit seinem alten Kumpel. Mauselinchen dagegen tapste über den Teetisch und stieß – ganz aus Versehen natürlich – gegen die Sahnetorte. Danach musste sie sich ausgiebig die kleine Pfote sauber lecken.

»Mauselinchen«, mahnte Anna.

»Ach, lass sie doch«, meinte Opa Fiete schmunzelnd. Er schenkte Tee ein und gab allen ein dickes Tortenstück auf die Teller. »Erzähl mal, liebe Anna, was gibt es Neues im *Schöne-Träume-Laden?*«

Genüsslich probierte Anna die Schokoladentorte und berichtete ihrem Opa von all den spannenden Geschichten, die sie dort erlebten.

Opa Fiete lauschte andächtig. »Ach, ich wünschte, ich hätte auch so ein einfaches Problem«, sagte er schließlich.

»Warum?« Anna setzte sich erstaunt auf. »Kannst du etwa nicht gut schlafen?«

Opa Fiete wurde rot. »Ach, ich will dich damit nicht behelligen, du musst schon so viel arbeiten, hier darfst du dich ausruhen.«

Doch als Anna darauf bestand, erzählte er: »Es ist nur, weil ich immer so viel nachdenken muss. Weißt du, das passiert von ganz allein in meinem großen alten Kopf. Da ist schon so viel Zeug drin, das wirbelt einfach immer durcheinander. Am besten wäre es wohl, ich könnte darin aufräumen.« Er klopfte sich gegen die Stirn und lachte.

»Dann tu dasch doch«, meinte Ticktack mit vollem Mund. »Räum auf.«

Opa Fiete sah ihn lächelnd an. »Ich glaube, so einen kleinen Besen gibt es nicht«, sagte er.

»Doch, die Winzmaus hat ja auch Besen«, erwiderte Ticktack kichernd.

Mauselinchen schob verärgert ihre Brille hoch, woraufhin sie einen dicken Sahneklecks auf der Brille hatte und plötzlich schielte. Ticktack lachte los. Der kleine Wecker wackelte nur so vor Lachen, er konnte gar nicht damit aufhören. Schließlich keuchte er: »Ich … meine ja nur … du könntest doch ein paar Sachen einfach aufschreiben. Dann sind sie raus aus deinem Kopf.«

»Keine schlechte Idee«, fand Opa Fiete.

»Die Zettel mit den ärgerlichen Gedanken schmeißt du gleich in den Mülleimer«, schlug Ticktack vor. »Und die Zettel mit lustigen Gedanken steckst du in ein Glas. Darin hebst du sie auf. Wie Fotos, die man sich manchmal ansieht.«

»Donnerwetter, das probiere ich«, sagte Opa Fiete überzeugt.

Anna lächelte. Was für eine gute Idee Ticktack für ihren Opa hatte! Sie gab dem Wecker einen Kuss auf die Klangglöckchen.

Mauselinchen flitzte natürlich sofort in Opa Fietes Wohnung herum und fand bald ein leeres Marmeladenglas, das sie gemeinsam beklebten. Die kleine Maus legte auch gleich einen Stift und Zettel hinein. »Am besten, du schreibst vor dem Zubettgehen drei Sachen auf«, meinte sie. »Die sind dann schon mal aus deinem Kopf heraus, und du kannst sicher besser schlafen.«

Opa Fiete lächelte. »Da fällt mir etwas ein«, sagte er und lehnte sich zurück. »Habe ich euch eigentlich schon einmal erzählt, wie ich als kleiner Junge zehn Äpfel in die Regenrinne der Kirche geworfen habe und dass ich sie ganz alleine wieder herausholen musste?«

»Nein!« Ticktack und Mauselinchen sprangen auf das Sofa.

»Warte, noch nicht anfangen!«, rief Mauselinchen. Sie nahm den Stift aus dem Glas, schrieb mit möglichst großen Mausebuchstaben »Die Äpfel-in-der-Regenrinne-Geschichte« auf einen Zettel und legte ihn ins Glas. »Dein erster schöner Gedanke«, sagte sie zufrieden.

Dann lauschten Anna und ihre zwei Helferlein gemeinsam Opas alten Geschichten, die fast noch spannender waren als die Geschichten aus dem *Schöne-Träume-Laden.* Aber nur fast.

Das knurrende Kätzchen

»Anna, spielst du mit uns *Ich höre was, was du nicht hörst?*«, bettelte Mauselinchen.

»Natürlich«, sagte Anna.

»Ich fang an!«, rief Ticktack. »Ich höre was, was ihr nicht hört, und das ist leise und klopft.«

»Dein Ticken«, erriet Mauselinchen sofort.

Ticktack verschränkte beleidigt seine Arme. »Du hast gemogelt«, maulte er.

»Nein, du nimmst immer dein Ticken«, sagte Mauselinchen. »Jetzt bin ich dran. Ich höre was, was ihr nicht hört, und das ist laut und brummt.«

»Ein Bus«, sagte Ticktack.

»Da ist doch gar kein Bus«, widersprach Mauselinchen.

»ICH kann ihn hören«, meckerte Ticktack. »Ich habe eben feinere Ohren als du.«

»Anna, er ärgert mich!« Mauselinchen stemmte erbost ihre Ärmchen in die Seiten. Als Anna nur lächelte, streckte die kleine Maus Ticktack die Zunge raus. Empört tickte er, so laut er konnte.

»Nicht streiten«, bat Anna. »Ich glaube, Mauselinchen, du meinst den Rasenmäher draußen.«

»Richtig!« Die kleine Maus klatschte in die Pfoten. »Du bist dran.«

Anna schloss die Augen und lauschte. »Ich höre was, was ihr nicht hört, und das ist ... leise und knurrig.« Sie öffnete die Augen wieder und lachte. »Ich weiß selbst nicht, was es ist. Hört ihr es?«

Ihre Helferlein lauschten nun ebenfalls.

»Vielleicht der Kühlschrank«, vermutete Mauselinchen.

»Nein, es kommt aus dem Schlafsaal«, sagte Ticktack. Er blickte Mauselinchen wichtig an. »Weckerohren. Sehr fein.«

Die kleine Maus rollte mit den Augen.

Anna stand auf. »Los, wir hören mal genauer hin.« Sie gingen in den Schlafsaal und lauschten. Ein ganz leises Brummen erklang aus der Ecke beim Fenster. Sie tappten auf Zehenspitzen näher.

»Das Knurren kommt aus dem Storchennest«, wisperte Mauselinchen und zeigte nach oben, wo ein Nestchen aus geflochtener Weide an der Decke hing.

»Ich weiß, was es ist«, flüsterte Mauselinchen. »Eine ...«

»... Katze, es ist eine Katze, die schnurrt«, brüllte Ticktack.

»Psst«, machte Anna.

Zu spät. Das Schnurren hörte auf. Langsam und vorsichtig schob sich ein kleines schwarzes Katzengesicht über den

Rand des Nestes hinweg und blinzelte sie an. »Hallo. Ich bin Kiki. Muss ich weggehen?«, fragte sie schläfrig.

»Nein, nein«, versicherte Anna. »Was machst du denn hier, Kiki?«

»Ich war so müde«, miaute das Kätzchen. »Weil ich nachts durch die Stadt streife, brauche ich tagsüber meine Ruhe. Aber immer, wenn ich ein Schlafplätzchen gefunden habe, kommt jemand, der mich verscheucht. Bei euch ist so viel Platz, da habe ich mich durchs Fenster geschlichen …« Das Kätzchen wurde immer leiser. Offenbar befürchtete es, nun schon wieder verjagt zu werden.

»Schlaf dich aus«, sagte Anna sanft. »Wir überlegen uns etwas für dich.« Sie nahm Ticktack und Mauselinchen auf ihre Hände und schlich leise mit ihnen in den Laden zurück.

Ticktack hockte sich auf die Kasse. »Was sollen wir uns denn da überlegen?«, fragte er. »Sollen wir Schilder basteln, auf denen *Lassen Sie die Katze schlafen!* steht?«

»Ich glaube, sie braucht einfach einen Platz, der nur ihr gehört«, meinte Mauselinchen.

»Ja, das denke ich auch«, sagte Anna. »Wo schlafen Katzen am liebsten?«

»In Storchennestern«, vermutete Ticktack.

»Nein«, widersprach Mauselinchen. »Katzen schlafen gern auf weichen, warmen Sachen. Am Ofen oder auf Sesseln.«

»Auf Sesseln sitzen aber auch Menschen«, sagte Ticktack. »Da wird Kiki wieder verjagt.«

Anna grübelte. »Ein Kissen wäre gut«, überlegte sie.

»Aber auch darauf könnte sich jemand anderes setzen«, befürchtete Mauselinchen.

»Kiki kann es zerfetzen«, schlug Ticktack vor. »Kaputte Sachen mögen Menschen nicht gern.«

Anna lachte. »Ich bin nicht sicher, ob das die beste Idee ist. Nachher schmeißt es vielleicht jemand in den Müll.«

»Dann macht sie eben nur schmutzige Pfotenabdrücke drauf«, meinte Ticktack. »Dreck mögen Menschen auch nicht.«

Die Idee fand Anna gut. »Das ist super. Aber die Abdrücke machen wir nicht mit Dreck, sondern mit Farbe.«

Sie nahm ihre Helferchen mit in die Küche und holte einen weißen Kissenbezug. »Den wollte ich sowieso bedrucken«, erklärte sie und füllte zwei flache Schalen mit dunkelgrauer Farbe. »Jetzt dürft ihr ihn schmutzig machen.«

Mit lautem »Juchhu!« hüpften Ticktack und Mauselinchen in die Farbe und tappten über das weiße Kissen. So entstanden viele kleine Spuren, die kreuz und quer über das Kissen führten. Bald sah es wirklich schön schmutzig aus.

Anna stellte ihren Helfern eine Schüssel mit schaumigem, warmem Wasser auf den Tisch. Während sie ihre Füße darin badeten, druckte Anna mit Stempelbuchstaben die Worte *NUR FÜR KIKI* auf den Stoff.

»Das sieht toll aus«, fand Mauselinchen.

»Miau!« Die kleine schwarze Katze lugte plötzlich über den Tischrand.

»Oh, wir haben dich gar nicht kommen hören«, meinte Anna. »Schau, wir haben dir ein eigenes Kissen bedruckt. Darauf setzt sich bestimmt niemand anderes, weil es so schmutzig aussieht.«

»Ist es aber nicht«, rief Ticktack, »ist nur Farbe!«

»Miau, das ist aber hübsch«, fand Kiki. »Danke schön!«

Während Anna den Bezug rasch trocken bügelte, spielte Kiki mit Mauselinchen und Ticktack das Hör-Ratespiel weiter.

Als Anna zurückkam, murmelte Ticktack: »Unser Besuch muss jetzt leider gehen.«

»Das sagst du nur, weil sie besser hört als du«, vermutete Mauselinchen.

Kiki lachte schnurrend und wickelte ihren Schwanz um Ticktacks Gesicht, bevor sie auf den Boden sprang. Er nieste.

Kiki legte sich zur Probe auf das Kissen und seufzte zufrieden. »Ich werde es mitten auf die Fensterbank legen. Das wird wunderbar ...«

Anna brachte sie zur Tür. Und dann spielte sie noch ganz lange *Ich höre was, was du nicht hörst* mit ihren Helferchen.

Die muntere Milly

Ping ping ping ping! »Hallo, ich bin's, Milly!«

Das muntere kleine Mädchen, das in den Schöne-Träume-Laden gepurzelt kam, strahlte. Ihre schwarzen Locken zappelten lustig um ihre Stupsnase herum, und sie hüpfte ständig auf und ab.

»Ha-ha-hallo«, stammelte Ticktack, dessen Kopf mit jedem Milly-Hüpfer hoch und runter wackelte. »Oh, da wird mir ja ganz schwummerig …«

Mauselinchen sprang mit. »Hallo, Milly«, piepste sie. »Kommst du, um mit uns zu spielen?«

Milly war ein Mädchen aus der Nachbarschaft, das manchmal mit Mauselinchen und Ticktack Verstecken spielte oder auf den Betten hüpfte.

»Nein, heute schickt mich meine Mama«, erzählte sie und ließ sich auf das Sofa plumpsen, wo sie sich gleich kopfüber an die Lehne hing.

»Deine Mama?«, fragte Anna und steckte neugierig den Kopf aus dem Schlafsaal.

»Ja, sie sagt, ich soll euch um Hilfe bitten.« Schwupp,

machte Milly einen Kopfstand vor dem Sofa. Mauselinchen spielte kichernd Verstecken in ihren herabhängenden Haaren. »Habt ihr Kekse?«, wollte Milly wissen.

Anna lachte. Sie nahm alle mit in die Küche und holte die große alte Keksdose vom Schrank herunter. Jeder bekam einen Keks und biss hinein, nur Milly beschloss, den Keks ohne Hände zu essen, und musste ihn eine Weile über die Tischplatte schieben, bis sie ihn im Mund hatte.

»Hab ihn!«, jubelte sie. Dann stützte sie sich auf ihre Hände und erklärte: »Ihr wisst doch, dass ich immer so viele Ideen habe, ja?«

»Und ob«, meinte Mauselinchen.

»Ob ihr's glaubt oder nicht, nachts habe ich keine einzige.«

»Nachts schläfst du ja auch«, meinte Ticktack.

»Nein, vorher ...«, sagte Milly. »Ich kann nicht einschlafen, wenn ich keine Idee für einen guten Traum habe. Dann rufe ich Mama, und sie schlägt mir etwas vor, zum Beispiel Clowns oder Drachen. Manchmal fällt mir gleich etwas dazu ein, aber manchmal auch nicht, dann rufe ich Mama noch einmal.« Sie grinste verlegen. »Mama muss dann immer die Treppe hochlaufen, und das möchte sie nicht mehr so oft ...«

»Na, das kann man ja verstehen«, fand Ticktack.

»Du könntest vorm Schlafen in ein Buch schauen«, schlug Mauselinchen vor. Sie liebte Bücher über alles.

»Nein, das Licht soll dann aus sein, sagt Mama. Wir haben auch schon Hörbücher probiert. Aber dann höre ich zu, bis sie zu Ende sind, und schlafe auch nicht ein.« Sie überlegte. »Am besten wäre es, wenn ich im Bett liegen würde …« Sie sprang vom Stuhl und legte sich auf den Boden. »… und dann flögen die Ideen einfach so über meinen Kopf, und ich bräuchte nur eine rauszupicken.« Sie griff mit der Hand in die Luft und rief: »Ach, ein Pirat, also ein Piratentraum. Perfekt!«

Ticktack tippte sich mit dem Finger gegen die Stirn. »Die ist total verwirbelt im Kopf«, flüsterte er. »Wo sollen wir denn fliegende Träume herkriegen?«

»Ticktack, du unhöflicher Wecker!«, schimpfte Mauselinchen. »Uns fällt schon etwas ein.«

»Aber jetzt spielen wir erst einmal Verstecken, ja, Milly?« Ticktack kletterte vom Stuhl. »Mauselinchen muss zählen.«

Die kleine Maus rollte mit den Augen, während Milly und Ticktack im Laden verschwanden.

»Der versteckt sich doch sowieso wieder in deinem Lederstiefel«, sagte sie zu Anna. »Immer das Gleiche.«

Anna strich Mauselinchen lachend über den Mausekopf. »Und du machst immer den gleichen Scherz und wirfst den Stiefel aus Versehen um, bevor du Ticktack findest.«

Mauselinchen kicherte. »Ja, das ist so witzig«, meinte sie. Dann rief sie »8, 9, 10, ich komme!« und flitzte los.

Anna blieb in der Küche. Sie hob ihren Teebeutel aus der Tasse und ließ ihn eine Weile baumeln, damit er abtropfen konnte. Und da hatte sie plötzlich die richtige Idee.

Sie lief in den *Schöne-Träume-Laden.* »Findet doch mal kleine Dinge, die man als Idee für einen Traum benutzen könnte«, sagte sie. Sofort suchten alle los.

Nach einer Weile trafen sie sich am Tresen und breiteten ihre Schätze aus.

»Ich habe diese kleine Pferdefigur gefunden«, sagte Milly. »Und einen alten Schokogoldtaler unterm Schrank.«

Auch Mauselinchen zeigte ihre Fundstücke: einen Bastel-Edelstein, eine Zaubererfigur, eine bunte Feder. Ticktack zog aus seiner Schublade eine Muschel, einen kleinen Dekofisch und einen alten Haizahn hervor.

Anna hatte inzwischen ein Mobile gebaut und begann, die kleinen Sachen daran zu binden.

»Oh, ein Mobile«, freute sich Milly. »Das hänge ich über mein Bett, und dann fliegen die Sachen wirklich über meinen Kopf!«

»Ich denke, das Licht muss aus sein«, sagte Ticktack. »Da siehst du die Sachen nicht.«

Milly kniff die Augen zusammen. »Das Licht vom Flur scheint in mein Zimmer«, antwortete sie. »Das genügt.«

Gemeinsam überlegten sie, welchen Traum Milly von der Feder träumen konnte.

»Ich denke an einen riesigen bunten Papagei, auf dem du in die Südsee fliegen kannst!«, meinte Mauselinchen.

»Nein, ein gefährlicher Federdrachen, den du besiegen musst«, fand Ticktack.

Anna lächelte. »Ich glaube, ich träume heute Nacht von einer Zauberfeder, mit der ich Wünsche erfüllen kann.«

Milly strahlte. »Das ist super! Wenn ich keine neuen Ideen mehr habe, komme ich zurück, und wir denken uns zusammen etwas aus.« Ganz vorsichtig nahm sie das Mobile, dessen Figuren zappelten und wackelten, als wollten sie jetzt schon in ihren Traum hüpfen. »Danke schön«, sagte Milly und verließ achtsam den Laden.

»Ich möchte auch so ein Mobile haben«, meinte Mauselinchen traurig.

»Kein Problem«, sagte Anna. »Wir basteln einfach noch eins. Findet ihr denn mehr solcher Mini-Schätze?«

»Natürlich!«, riefen Ticktack und Mauselinchen und sausten gleich wieder los. Das würde das schönste Mobile aller Zeiten werden!

Das glühende Glühwürmchen

Als die Küchenuhr ein Uhr schlug, war es im *Schöne-Träume-Laden* sehr still und ruhig.

Doch einen Moment später wurde Mauselinchen von einem Geräusch wach. Irgendetwas klopfte ganz regelmäßig gegen das Fenster. Die kleine Maus schlug die Augen auf und erschrak. Ein winziges helles Licht bewegte sich vor der Scheibe vor und zurück. War das eine Taschenlampe? Kam da gerade ein Einbrecher?

»Anna, Aaaaaana«, wisperte sie ängstlich und zog sich die Decke über den Kopf. Aber Anna konnte sie nicht hören. »Ticktack, wach auf«, flüsterte Mauselinchen und schubste den Wecker an, der neben ihr im Hundekörbchen lag.

»Was 'n?«, nuschelte er.

»Da ist ein Einbrecher!«

»WAAS!«, kreischte Ticktack laut und kroch unter sein Kissen.

Mauselinchen seufzte. Der Wecker würde ihr wohl nicht helfen. Mutig stieg sie aus dem Hundekörbchen und lief zur Taschenlampe, die auf dem Boden lag. Sie schaltete sie an und

stemmte sie hoch, sodass der Lichtstrahl genau auf das Fenster fiel. Sehen konnte sie nichts, aber das Klopfen hörte auf.

Plötzlich klapperte es hinter Mauselinchen, und sie ließ erschrocken die Taschenlampe fallen.

»Hey, Mäuschen, was ist das denn hier für ein Krach?«, wollte Anna wissen, die verschlafen in ihrem Nachthemd in der Tür stand.

»Einbrecher«, sagte Mauselinchen und stemmte ihre Pfoten in die Seiten. »Aber ich habe sie verjagt.«

Anna sah sie bewundernd an. »Danke, Mauselinchen, du bist aber mutig! Ich schaue noch einmal nach …« Sie ging zum Fenster und öffnete es.

»Niiiiicht!«, quietschte Ticktack.

Anna beugte sich hinaus. Plötzlich schwebte ein Licht auf sie zu und an ihr vorbei in den Schlafsaal.

»Ähh, was ist das?«, fragte Mauselinchen.

»Guten Abend, ich heiße Gisèle«, sagte das Licht.

»Ein Licht heißt Gisèle? Ich wusste gar nicht, dass Lichter überhaupt irgendwie heißen«, sagte Ticktack argwöhnisch.

Das Licht wurde jetzt etwas schwächer, sodass sie erkennen konnten, dass es ein Glühwürmchen war, das da leuchtete.

»Entschuldigung, ich gebe immer so gern volle Leuchtkraft«, meinte Gisèle. »Aber ich dimme mich ein bisschen für euch.«

Anna machte es sich auf dem Sofa gemütlich, das aus-

sah wie eine dicke Wattewolke. »Warum besuchst du uns?«, fragte sie und hielt ihre Hand auf.

Gisèle flog zu Anna und landete auf der ausgestreckten Handfläche. Ticktack und Mauselinchen hüpften neben die beiden auf das Sofa.

»Ich habe gestern schon wieder die Glühmeisterschaften gewonnen«, sagte Gisèle stolz. »Kein Glühwürmchen leuchtet so hell und so lange wie ich.« Sie kicherte. »Tatsächlich kann ich gar nicht anders. Wenn ich glücklich bin, leuchte ich von selbst. Und ich bin fast immer glücklich!«

Anna lächelte. »Das ist toll«, fand sie.

»Schon«, sagte Gisèle, »aber selbst ein sehr glückliches Glühwürmchen muss mal schlafen. Und das geht leider nicht, weil ich sogar im Schlaf glühe.«

»Ist doch egal, merkste ja nicht«, meinte Ticktack.

Gisèle kicherte. »Eben doch, ich kann nicht schlafen, wenn es so hell ist.« Jetzt musste auch Mauselinchen kichern, und Anna stimmte ein.

»Du veräppelst uns doch«, meinte Ticktack.

Doch Gisèle schüttelte den Kopf. »Nein ehrlich. Und ich will auch gar nicht aufhören zu leuchten. Ich möchte nur etwas mehr schlafen.« Sie gähnte herzzerreißend und schien dabei sogar noch mehr zu glimmen.

»Das ist doch ganz einfach«, meinte Mauselinchen. »Du brauchst eine Schlafbrille. Habe ich auch.« Sie zeigte Gisèle die Stoffbrille, die um ihren Hals hing. »Anna kann dir eine nähen.«

Anna zog die Nase kraus. »So winzig? Ich glaube, so kleine Nadeln habe ich gar nicht.«

»Ich kann auch nähen«, erzählte Gisèle. »Du zeigst mir, wie es geht, und ich nähe mit meinen winzigen Nadeln selbst.«

Als die Küchenuhr zwei Uhr schlug, wanderte die kleine Gruppe in die Küche. Anna machte den Ofen an und kochte für alle Kakao, Mauselinchen suchte das Nähzeug zusammen. Gisèle flog kurz nach Hause, um die passende Nadel zu holen, und Ticktack schlummerte auf dem Küchentisch weiter.

Bald darauf kam Gisèle zurück, und alle stärkten sich mit

Kakao. Auch Ticktack, der jedoch danach gleich wieder einschlief. Nicht jeder kann in der Nacht wach sein. Die anderen begannen mit der Näharbeit.

Als die Küchenuhr drei Uhr morgens schlug, war die mini-winzig-kleine Glühwürmchen-Schlafbrille fertig. Gisèle blinkte vor Aufregung und setzte sie auf.

»Himmlisch«, schwärmte sie. »Es ist ganz dunkel!«

Mauselinchen klatschte begeistert in die Pfoten. »Jetzt kannst du schlafen.«

»Ja«, murmelte Gisèle schläfrig. »Darf ich vielleicht gleich hier …« Dann plumpste sie um und schnarchte ein mini-winzig-kleines Glühwürmchenschnarchen.

»Ach, die Ärmste, sie war ja wirklich sehr müde«, flüsterte Anna und nahm Gisèle auf die Hand. Mauselinchen kroch in ihren Nachthemdärmel, und Anna hob auch Ticktack sanft hoch. Sie löschte das Licht und brachte alle in den Schlafsaal. Mauselinchen und Ticktack kamen wieder ins Hundekörbchen, Gisèle in ein kleines Vogelkuschelnest. Anna selbst legte sich auf dem Wolkensofa schlafen, um in ihrer Nähe zu bleiben.

Und als die Küchenuhr vier Uhr schlug, war es im *Schöne-Träume-Laden* wieder sehr still und ruhig.

Das einsame Eichhörnchen

»Ich habe die schönste gefunden!«, jubelte Mauselinchen und flitzte zu Anna hinüber.

Anna betrachtete die dunkelbraune, glänzende Kastanie in den Pfoten der kleinen Maus. »Die ist wunderbar«, stimmte sie zu. Hier im Wald gab es so viel zu entdecken!

»Dafür habe ich die tollste Eichel!«, rief Ticktack und trippelte zu ihnen, um die hübsche Eichel mit ihrem drolligen Hut zu zeigen.

»Ihr findet wirklich schöne Herbstschätze«, sagte Anna. »Daraus können wir eine wunderbare Kette basteln. Gleich ist unser Körbchen voll. Wie wäre es mit einer Picknickpause?«

»Ja!«, riefen Ticktack und Mauselinchen, da waren sie sich tatsächlich einmal einig!

Sie breiteten ihre karierte, warme Decke auf einem umgestürzten alten Baumstamm aus, und Anna angelte Käsewürfel, Weintrauben, Haselnüsse, Apfelschnitze und selbst gemachte Ingwerlimonade aus dem Picknickkorb.

Während sie es sich schmecken ließen, beobachteten sie ein Eichhörnchen, das eifrig die Bäume hinauf und hinab flitzte.

Manchmal verschwand es eine kleine Weile, dann kehrte es zurück und sauste einen der umliegenden Stämme empor.

»Du liebes Sekündchen, das ist aber schnell«, fand Ticktack.

Mauselinchen rief: »Das kann ich auch!«, sprang auf und flitzte den Stamm hinauf. Doch schon kam das Eichhörnchen wieder hinunter. Es sah Mauselinchen erst im letzten Moment, wich gerade noch aus und kugelte und purzelte bis vor Annas braune Stiefel.

»Oh hoppla«, sagte Anna erschrocken und beugte sich vor. »Hast du dir wehgetan?«

Das Eichhörnchen schüttelte den Kopf. Dann seufzte es.

»Hier, iss eine Nuss, das gibt Kraft«, meinte Ticktack und reichte ihm eine der Haselnüsse.

»Danke, ich liebe Nüsse«, wisperte das Eichhörnchen und knabberte die Nuss in Nullkommanichts auf. »Ich bin übrigens Elsie.«

Mauselinchen näherte sich. »Es tut mir leid«, sagte sie. »Ich wollte angeben und hochklettern und habe dich gestört.«

»Macht nichts«, antwortete Elsie. »Bekomme ich noch eine Nuss?«

Anna reichte ihr gleich fünf. »Weshalb hast du es denn so eilig?«, fragte sie.

Elsie lächelte. »Ich habe eine große Familie«, erklärte sie. »Aber leider vertragen sich nicht alle gut miteinander. Deshalb sause ich von einem zum anderen.« Elsie hob ihre Pfote und zeigte auf eine dicke Eiche. »Dort oben wohne ich mit meiner Mama und meinen zwei Brüdern.« Nun zeigte sie auf eine Buche daneben. »Dort wohnen meine Großeltern, und dort ...«, sie deutete hinter sich, »... wohnt meine große Schwester mit ihrem Mann.« Elsie seufzte. »Und mein Papa wohnt ein paar Bäume weiter weg in einer Tanne. Es sind also alle verteilt. Eigentlich ist das ganz okay, ich flitze gern herum. Soll ich euch mal meine Abkürzung zeigen?«

Ehe die anderen antworten konnten, jagte das Eichhörnchen die Eiche hinauf, sprang im Nu einen langen Ast entlang und – HOPP! – auf einen breiten Zweig der Buche hinüber. Dabei segelte es bestimmt einen Meter weit durch die Luft!

»Elsie kann fliegen«, staunte Mauselinchen.

Das Eichhörnchen kam zurück und keuchte. »Toll, oder?«

»Das war super«, meinte Ticktack bewundernd.

»Blöd ist nur, dass ich abends nicht mit allen kuscheln kann«, bedauerte Elsie. »Am liebsten hätte ich meine Schwester und vor allem Papa zum Einschlafen ganz nah bei mir.«

Anna streichelte ihr über den buschigen Schwanz. »Bist du dann traurig?«

Elsie nickte. »Manchmal keckert meine Schwester noch einmal ›Gute Nacht‹ von gegenüber, aber sehen kann ich sie nicht.« Das Eichhörnchen knabberte noch eine Nuss.

»Du hast Glück«, sagte Ticktack und streckte stolz sein Schubladenbäuchlein vor. »Wir sind die Schlafprofis. Wir können dir helfen.«

»Aber das ist doch kein Schlafproblem«, widersprach Mauselinchen.

»Doch«, fand Ticktack. »Wer traurig ist, kann nicht gut einschlafen und träumt schlecht. Außerdem ist es fürchterlich, im Dunkeln traurig zu sein. Viel schlimmer als am Tag.«

»Das stimmt«, flüsterte Elsie.

Ticktack lief zu Anna und flüsterte ihr etwas ins Ohr.

»Gute Idee«, meinte Anna. »Liebe Elsie, wir wollen heute Herbstketten basteln. Da könnten wir auch eine kleine Kette für dich machen. Außer Eicheln und Bucheckern würden wir ein paar Wäscheklammern an die Kette klemmen, an die du Fotos deiner Familie hängen kannst. Dann siehst du sie beim Einschlafen.«

Elsie riss die Augen auf. »Würdet ihr das machen?«

Die drei Freunde nickten.

Weil Elsie keine Fotos ihrer Familie hatte, holte sie alle einzeln zur Picknickdecke, damit Anna sie mit ihrer kleinen Kamera fotografieren konnte. Danach verabredeten sie sich für den Abend, und Anna lief mit ihren Helferchen rasch nach Hause. Dort bastelten sie eine wunderschöne Kette für Elsie.

Anna druckte die Fotos, Mauselinchen schnitt sie aus, und Ticktack hängte sie an die Wäscheklammern.

»Fantastisch«, fand der Wecker, als sie fertig waren.

Sie beeilten sich, zurück in den Wald zu kommen, weil es schon dunkel wurde.

Elsie erwartete sie bereits an der Eiche. Eine kleine Eichhörnchenträne rann über ihre Nase, als sie die Kette ausgebreitet vor sich sah. »Jetzt sind sie alle immer bei mir«, flüsterte sie begeistert. »Ich danke euch.«

Anna, Ticktack und Mauselinchen sahen Elsie nach, wie sie zwischen den dichten Blättern verschwand, und gingen wieder nach Hause.

»Ich will unbedingt auch so eine Kette«, sagte Ticktack entschlossen.

»Aber du liegst doch jede Nacht neben mir«, wandte Mauselinchen ein. »Und manchmal auch bei Anna.«

»Trotzdem«, sagte Ticktack.

Und weil Anna und Mauselinchen die Kette auch sehr hübsch fanden, bastelten sie an diesem Abend noch sehr lange weiter an drei wunderschönen Herbstketten.

Der sehnsüchtige Seemann

»Piraten voraus!«, rief Anna und klammerte sich an den Mast. »Wie werden wir sie los?«

»Wir singen grausige Lieder«, befahl Kapitän Ticktack.

Mauselinchen sprang vorn auf den Bug des Schiffes und reckte ihren Säbel. »Attacke!«, rief sie, und dann sangen die drei los:

»Heho, Piraten, nehmt euch in Acht!
Die wilden Seekrabben ziehen in die Schlacht.
Wir singen und wir heulen euch die Ohren voll –
da macht ihr euch bestimmt die Hosen mächtig voll!
Uaaaah! Uooooh!«

Plötzlich hielt sich Ticktack die Ohren zu. »Manometer, ihr kreischt aber echt grausig, ich wäre als Pirat schon längst weg!« Er kletterte aus dem riesigen Pappkarton, in dem heute ein neues Hundereisebett geliefert worden war, und ächzte. »Ich brauche eine Pause.«

»Du blecherner Wicht, bist du eine wilde Seekrabbe oder ein Hasenfuß?«, fragte Mauselinchen.

Ping ping ping ping!

Ein großer Mann in einem dicken dunkelblauen Wollpullover trat ein. Im rechten Ohr trug er einen silbernen Ring und auf dem Kopf eine Seemannsmütze, von der das Regenwasser nur so tropfte.

»Piraten!«, kreischte Ticktack begeistert.

Der Mann lachte. »Nein, keine Angst, ich bin nur ein harmloser Seefahrer.« Er entdeckte das Pappkartonschiff und staunte: »Alle Achtung, das ist aber mal ein toller Kahn. Wem gehört er?«

»Den wilden Seekrabben!«, rief Mauselinchen stolz.

»Na, ich hoffe, die sind friedlich«, sagte der Mann. »Ich wollte heute mal nicht kämpfen …«

Anna lachte. »Na, dann komm herein«, bat sie. »Wir brauchen sowieso eine kleine Pause, ich koche uns einen Schmuddelwettertee, das passt gut zum Regen da draußen.«

Der Mann schloss die Tür und stellte sich vor: »Ich bin Käpt'n Knüttel. Und ich weiß ein paar feine Seemannsgeschichten. Also wenn ihr die beim Tee gern hören würdet …«

»Jaaaa!«, schrien die wilden Seekrabben und eilten zu Anna in die Küche.

Bei einer heißen Tasse Schmuddelwettertee und spannenden Piratengeschichten vergaßen alle den Regen, der an die Fensterscheiben klopfte.

»Das ist aber alles gelogen, oder?«, fragte Ticktack schließlich misstrauisch.

Käpt'n Knüttel zwinkerte ihm zu. »Bestimmt ist nichts gelogen, die Wahrheit nur verbogen.«

»Also doch«, war Ticktack sich nun sicher.

»Aber sehr spannend«, fand Anna.

Mauselinchen schob die Brille, die ihr vor Aufregung von der Nase gerutscht war, wieder hoch. »Erzähl uns doch bitte, wie du auf dem Schiff schläfst«, bat sie. »Wir sind ja ein *Schöne-Träume-Laden* und wollen gern alles übers Schlafen wissen.«

Käpt'n Knüttel runzelte die Stirn. »Ach ja, deshalb bin ich schließlich auch hier. Also, auf dem Schiff schläft es sich herr-

lich. Wenn man, so wie ich, nur mit alten Segelschiffen fährt, knarren und knirschen die Holzbalken die ganze Nacht. Es schaukelt hin und her, her und hin. Ich wurde immer sanft in den Schlaf gewiegt ... meistens lag ich in einer Hängematte. Aber auch die Kojen waren ganz gemütlich. Am besten aber ist das Rauschen des Meeres. Schöner als jedes Gutenacht-Lied ...«

Anna seufzte. »Das hört sich toll an ...«

Doch Ticktack schüttelte den Kopf. »Nein, das hört sich an,

als könnte ich dort überhaupt nicht gut schlafen. So ein Krach die ganze Zeit.«

Käpt'n Knüttel lächelte. »Ach, weißt du, junger Wecker, ich war das so gewohnt. Jetzt fahre ich aber nicht mehr zur See. Mein Bett schwankt nicht, und es ist mucksmäuschenstill um mich herum.«

»Herrlich«, fand Ticktack.

»Nein, ganz im Gegenteil«, antwortete Käpt'n Knüttel seufzend. »Ich schlafe nicht gut ein und wache ständig auf. Das Wellenrauschen fehlt mir furchtbar, ich sehne mich nach dem Meer …« Er schlürfte den Rest aus seiner Teetasse und hielt sie Anna noch einmal hin.

Anna schenkte ihm nachdenklich die Tasse voll. »Und deshalb bist du hier?«

Der Seemann nickte.

»Du brauchst ein rauschendes Meer«, fand Mauselinchen. »Ich hole mal etwas.« Sie sauste auf ihren Mausebeinchen davon, und Ticktack klapperte hinter ihr her. Nach kurzer Zeit kamen sie mit einer Kiste zurück.

Mauselinchen griff eine Rassel heraus. »Hier, horch mal«, sagte sie und schüttelte die Rassel.

Käpt'n Knüttel schüttelte den Kopf. »Zu laut«, meinte er.

Ticktack nahm eine Sanduhr. »Und das?«

Käpt'n Knüttel spitzte die Ohren. »Zu leise.«

Anna hielt die Wasserflasche hoch und schüttelte sie. »Vielleicht mit Wasser?«, fragte sie.

Doch Käpt'n Knüttel schüttelte stets den Kopf, egal, was sie ihm zeigten. »Ich glaube, das wird nichts«, meinte er. »Es muss sanfter klingen. Mehr wie Regenrauschen.«

Da fiel Anna etwas ein. »Der Regenmacher«, sagte sie und ging hinüber in den Laden. Sie kam mit einem langen bunten Rohr zurück, das sie behutsam einmal im Kreis drehte. Langsam und strömend rauschte es darin.

Käpt'n Knüttel schloss die Augen und lauschte. »Das ist es«, sagte er dann glücklich. »Ein richtiger Meeresrauschen-Zauberstab. Ich werde ihn neben meinem Bett befestigen, sodass ich ihn in der Nacht drehen kann, wenn ich aufwache. Ich danke euch.«

Als Käpt'n Knüttel bezahlt hatte, wollte er den Laden verlassen, doch Mauselinchen fiepte: »Du willst doch nicht gehen, ohne gegen die wilden Seekrabben gekämpft zu haben?« Sie sprang in das Pappschiff und griff nach ihrem Säbel. »Wehr dich, du knütteliger Kapitän!«

Käpt'n Knüttel lachte laut, und dann begann eine große Seeschlacht voll von gruseligem Gekrächze und schaurigem Gesang.

Der mamavermissende Max

Ping ping ping ping!

»Hallo!« Durch die Ladentür stürmte ein kleiner Junge in einer blauen Latzhose.

»Hallo, wer bist du denn?«, wollte Anna wissen. Sie sortierte die Duftfläschchen in den vielen Schubladen ihres großen Schrankes und schnupperte gerade an einem neuen Melissenöl. »Mhm«, machte sie. »Das duftet gut.«

»Was ist das?«, fragte der Junge interessiert. »Ich bin übrigens Max.«

Anna ließ ihn an dem Fläschchen riechen. »Das ist Zitronenmelisse«, sagte sie.

»Riecht wie der Tee meiner Oma«, fand Max.

»Das kann sein«, stimmte Anna ihm zu. »Melissentee ist beruhigend. Trinkt sie ihn vorm Schlafengehen?«

Max nickte verblüfft. »Hier bin ich bestimmt richtig«, entschied er dann. »Ich brauche bitte einen Spionenkoffer.«

»Waaas?« Ticktack kam hinter der Kasse hervor. »Wozu brauchst du einen Spionenkoffer? Du bist doch höchstens vier Jahre alt. Bisschen klein für einen Spion. Außerdem ha-

ben wir so etwas gar nicht. Das hier ist ein *Schöne-Träume-Laden* und kein Detektiv-Geschäft.«

Max stemmte die Hände in die Seiten. »Ich bin schon fünf. Und wenn ihr keinen Koffer habt, will ich eine Alarmanlage. Oder eine Kamera zum Überwachen.«

Nun streckte auch Mauselinchen ihre spitze Nase aus einer der Schubladen. »Woher kennst du denn all diese Sachen?«

»Das weiß ich von Opa. Der kennt sich mit Detektiven aus«, erklärte Max. »Kann ich jetzt so etwas haben?«

Anna stützte sich auf den Tresen. »Wozu brauchst du das?«

Max steckte die Hände in die Taschen und wurde rot. »Zum Einschlafen.«

Anna schaute ihn eine Weile nachdenklich an, dann bat sie Max in die Küche. »Ich mache uns Popcorn. Weiß deine Mama, dass du bei uns bist?«

Max nickte. »Sie kauft gegenüber ein. Bis sie kommt, muss ich das Spionenzeugs haben. Sie soll das nicht wissen.«

Anna stellte einen Topf mit Öl auf den Herd, füllte Mais ein und legte den Deckel darauf. »Warum kannst du denn nicht einschlafen?«, fragte sie dabei.

Max sah neugierig auf den Topf, als es langsam anfing, darin zu ploppen. »Ich habe Angst, dass Mama nachts weggeht. Am liebsten würde ich immer bei ihr schlafen, aber das Bett ist so eng, wir schlafen dann ganz schlecht und sind morgens

ziemlich müde. Wenn ich aber in meinem Bett schlafe, weiß ich ja nicht, ob sie noch da ist ...« Auf einmal wirkte Max sehr traurig. Ticktack bemühte sich, ihn aufzuheitern, und ließ seine Zeiger wild im Kreis sausen, was Max tatsächlich zum Lachen brachte.

Währenddessen hatte Anna das Popcorn gewürzt und schüttete es in eine große Schüssel. Hungrig griffen alle hinein.

»Mmh, lecker«, fand Max.

Ticktack stopfte gleich ein paar Popcornbällchen in seine Bauchschublade. »Für später«, erklärte er, und Max musste kichern. »Ich mach dir eine Popcornkette«, schlug er vor. Er erklärte Anna, wie es ging, und gemeinsam zogen sie Popcornbällchen auf einen Bindfaden. Schließlich entstand eine lange Kette voller Popcorn. Ticktack hielt das eine Ende fest, Mauselinchen, die auf der anderen Seite des Tisches stand, das andere. Ticktack konnte sie hinter der großen Schüssel nicht sehen, aber als der Faden sich bewegte, rief er: »Warum zupfst du am Band, futterst du meine Popkörner weg?«

Die kleine Maus schimpfte: »Nein, außerdem sind das nicht *deine* Popkörner.«

»Doch, sind es wohl, Max hat die Kette für mich gemacht«, behauptete Ticktack.

Max lachte. »So eine Kette wäre auch gut für mich und Mama. Dann könnte ich zupfen, und sie antwortet mir, indem sie zurückzupft.«

Anna legte den Kopf schief. »Ja, das ist gut«, sagte sie. »Du brauchst ein Elfenband.«

»Was ist ein Elfenband?«, fragte Ticktack verdutzt. »Ich will auch eins.« Vielleicht war es etwas Tolles, dann musste er es unbedingt haben!

Anna beugte sich vor und erzählte: »Die Elfen im Schilf am See haben so etwas. Sie weben ein unsichtbares Band aus Sehnsucht, das sie sich um die Handgelenke schlingen. Dadurch sind sie immer miteinander verbunden.«

Max riss die Augen auf. »Unsichtbar?«

Anna nickte. »Allerdings kann ich keine Bänder aus Sehnsucht flechten, dein Band wird sichtbar.«

»Macht nichts«, freute sich Max.

In diesem Moment kam seine Mama in den Laden.

Ping ping ping ping!

Max erzählte ihr aufgeregt von dem Elfenband.

»Wir nehmen ein dünnes Samtband, das nicht gleich zerreißt«, erklärte Anna und kramte schon in einer Schublade im Laden. »Dieses«, sagte sie schließlich und zog zufrieden ein dunkelgrünes Band hervor. »Das eine Ende bindet ihr an Max' Bett. Dann führt das Band quer über den Flur zum anderen Bett, wo es wiederum festgeknotet wird.« Sie zog eine weitere Schublade auf und nahm ein kleines Glöckchen heraus. »Wenn du dann am Band zupfst, Max, klingelt dieses Glöckchen, und deine Mama zieht auch etwas am Band. Das spürst du, und du weißt, dass sie noch da ist.«

Max' Mama lächelte. »Wie schön. Wollen wir es gleich heute Nacht ausprobieren, Schatz?«

Max nickte strahlend. Vorsichtig steckte er Band und Glöckchen in die Tasche seiner Latzhose. Dann drehte er sich zu Ticktack und Mauselinchen und sagte: »Morgen komme ich wieder und erzähle, wie es geklappt hat. Und dann spielen wir Detektive, ja?«

Annas Helferchen nickten aufgeregt.

Als Max mit seiner Mama gegangen war, rief Ticktack: »Ich will ein Elfenband und eine Popcornkette und Glöckchen an beidem.«

»Wozu willst du ein Glöckchen an der Popcornkette?«, wollte Mauselinchen wissen.

»Damit ich höre, wenn du meine Popkörner klaust!«

Natürlich musste Mauselinchen dem Wecker da die Zunge rausstrecken, und er musste meckern, und sie war empört, und … das ist eine andere Geschichte.

Das schlotternde Sandmännchen

»Was machst du da?« Ticktack beugte sich neugierig über Mauselinchen, die eifrig etwas auf einen Zettel kritzelte.

»Ich schreibe dem Sandmännchen«, antwortete die kleine Maus.

»Warum?«

»Weil ich furchtbar schlecht geträumt habe!« Mauselinchen setzte sich auf. »Es war ein dummer Traum, in dem ich Angst vor einer riesengroßen Blume hatte.«

Anna strich ihr liebevoll über die runden Mauseohren. »Und du glaubst, das Sandmännchen hat dir diesen Traum geschickt?«

»Natürlich. Es hat Traumsand gebracht, den hatte ich heute Morgen noch in den Augen.«

Anna half Mauselinchen, den Brief in einen Umschlag zu stecken, und schrieb *An das Sandmännchen* darauf. Dann brachten sie den Brief zum Postkasten.

»Na, ob der überhaupt ankommt?«, zweifelte Ticktack.

Doch bereits am selben Tag kurz vor Ladenschluss läutete Ping ping ping ping! die Ladenglocke, und das Sandmännchen stand in der Tür.

»Oh ... guten Tag ...«, stotterte Ticktack. Er hatte nicht gewusst, dass das Sandmännchen auch am Tag kam! »Musst du nicht schlafen?«, fragte er deshalb verwirrt.

»Komm erst einmal herein«, bat Anna freundlich.

»Danke schön«, sagte das Sandmännchen und gähnte. »Bitte entschuldigt, ich habe schlecht geschlafen.«

»Ich auch!«, rief Mauselinchen und stemmte empört die kleinen Pfoten in die Hüften.

Das Sandmännchen lächelte freundlich. »Ach, du bist das.« Es zog Mauselinchens Brief hervor. »Es tut mir sehr leid, liebes Mauselinchen, so etwas passiert mir wirklich selten ...« Es wurde rot. »Weißt du, ich muss die Träume ganz in Ruhe verteilen, ohne Hektik. Am besten segle ich singend in meinem Boot über den Himmel ... wenn ich müde bin, streue ich zu hektisch, und der Traumsand stiebt auseinander – dann werden die Träume schlecht.«

»Schlecht?«, fragte Ticktack. »Schlecht wie verschimmelt?«

»Ja, irgendwie schon«, antwortete das Sandmännchen lächelnd. »Die Körnchen geraten durcheinander, und manchmal haben sie Rauch von einem Kamin abbekommen. Deshalb machen sie dann Angst oder Sorgen. Das tut mir furchtbar leid.« Erschöpft ließ das Sandmännchen sich aufs Sofa sinken.

»Warum schläfst du nicht gut? Hilft dein Traumsand bei dir selbst nicht?«, wollte Anna wissen.

»Doch schon«, murmelte das Sandmännchen leise. »Aber es gibt eine Sache, bei der Traumsand niemals wirkt: kalte Füße. Mit kalten Füßen kann niemand einschlafen.« Es gähnte. »Jetzt muss ich auch wieder los, dabei bin ich soo müde …«

Ticktack hüpfte plötzlich hin und her. Vor Aufregung klapperte seine kleine Schublade. »Anna, *wir* können heute Nacht das Traumsandverteilen für den Sandmann übernehmen!«

Mauselinchen schlug verzückt die Pfoten vor den kleinen Mund. »Oh, das wäre himmlisch!«

Anna überlegte kurz. Dann nickte sie.

Mauselinchen und Ticktack quiekten begeistert. Anna ließ sich vom Sandmännchen alles erklären und reichte ihm ein paar selbst gestrickte Wunderwarmsocken. »Die Wolle wurde in einer Mondnacht von Wolkenschäfchen geschoren«, flüsterte sie. »Du wirst wunderbar schlafen.«

Das Sandmännchen konnte die Socken gerade noch über die Füße streifen, dann schlief es schon ein.

Anna und ihre Helfer aber kletterten vorsichtig in das Sandmannschiffchen, das vor dem Laden parkte, und stiegen langsam in den dunkelblauen Himmel hinauf.

»Wunderschön«, hauchte Mauselinchen.

Unter ihnen lag die Stadt mit ihren hell leuchtenden Fenstern und Straßenlaternen. Ein sanfter Wind trieb sie voran. Die drei setzten die Brillen auf, die in einer kleinen Holzkiste

lagen. Nun konnten sie sehen, in welchen Häusern Kinder wohnten. Behutsam nahm Anna eine Prise Traumsand zwischen ihre Fingerspitzen und ließ sie genau über einem Haus fallen. Mauselinchen und Ticktack schauten den glitzernden Staubkörnchen hinterher, wie sie wirbelnd nach unten sanken und ihren Weg zu den Kinderaugen fanden. »Das ist magisch«, flüsterte Mauselinchen. »Darf ich auch einmal?«

Anna hielt ihr den Sack hin, und die kleine Mausepfote griff zu. Auch Ticktack steckte seine Hand in den Sand. Nun begann Anna zu singen: »Schlafenszeit, Schlafenszeit, macht euch für den Traum bereit. Oben ziehen Wolkenschäfchen, wachen über eure Schläfchen, Schlafenszeit, Schlafenszeit, Augen zu, es ist so weit.«

Die ganze lange Nacht segelten die drei durch den kühlen Nachthimmel. Jedes Kind bekam einen wunderschönen Traum und guten Schlaf geschenkt.

Als sie schließlich landeten, waren sie sehr, sehr, sehr müde. Sie schlüpften lautlos in den Laden, kuschelten sich an das schlummernde Sandmännchen und schliefen ein.

Beim Frühstück erzählten sie dem Sandmännchen von ihrer wunderbaren Nachtfahrt.

»Das habt ihr toll gemacht, vielen Dank!«, rief das Sandmännchen. »Und die Socken waren auch prima, ich hatte schöne warme Füße. Zu Hause habe ich auch Socken. Nur liegen sie immer irgendwo herum, und wenn ich morgens ins Bett schlüpfen will, bin ich zu müde zum Suchen.«

»Na, da weiß ich etwas!«, rief Mauselinchen und flitzte in den Laden. Sie kam mit einer hübschen Dose zurück, auf die sie *Wunderwarmsocken* geschrieben hatte. »Diese Dose stellst du auf deinen Nachtschrank und steckst jeden Morgen die Socken hinein«, erklärte die kleine Maus. »Dann brauchst du sie abends nur aus der Dose zu fischen und anzuziehen.«

»Perfekt«, fand das Sandmännchen. »Wie gut, dass du mir diesen Brief geschickt hast, Mauselinchen. Zum Dank bekommst du nächste Nacht einen ganz zauberhaften Traum von mir.«

»Mit Glühwürmchen?«, rief die kleine Maus glücklich. Glühwürmchen liebte sie sehr. Und seit sie Gisèle kannte, sogar noch viel mehr!

»Ja, mit Glühwürmchen«, versprach das Sandmännchen.

Und dann hörte man im *Schöne-Träume-Laden* eine ganze Weile nur das zufriedene Schmatzen der vier hungrigen Nachtschwärmer.

Der mutlose Marienkäfer

»Huh, wie kalt es schon ist«, murmelte Anna und hauchte ihren warmen Atem in ihre frierenden Hände. Sie kümmerte sich mit Ticktack und Mauselinchen um die Pflanzen vor dem *Schöne-Träume-Laden.*

»Was soll *ich* denn sagen?«, klapperte Ticktack. »Ich bin aus Metall, das wird viel schneller kalt als eure warme Haut. Brrrrr!«

Anna griff wieder nach der kleinen Schaufel. »Ach kommt, wir setzen noch schnell die Herbstblumen in die Töpfe, dann können wir drinnen heiße Milch mit Honig trinken.«

Sie zog die verblühte Sommerblume aus dem Topf, füllte etwas neue Erde ein und setzte eine hübsche lila Heidepflanze hinein. Dann fegte sie rundherum sauber und hob dabei auch die grauen Steine hoch, die unter dem kleinen Tannenbaum lagen. Plötzlich hielt sie inne.

»Oh, schaut mal, ein Marienkäfer«, flüsterte sie.

Mauselinchen kam angeflitzt. »Wo?«

Der kleine Käfer zitterte und sah erschrocken nach oben.

»Ach je, haben wir dich gestört? Ist das schon dein Platz für

den Winterschlaf?« Anna hielt dem Käfer ihren Zeigefinger entgegen, und er krabbelte umständlich hinauf.

»Eigentlich kuscheln wir Marienkäfer uns im Winter mit Freunden zusammen«, sagte der Marienkäfer traurig. »So kann der Frost uns nichts anhaben. Aber ich habe herumgetrödelt, weil die Herbstsonne noch so schön war. Als ich dann in mein Winterbett gehen wollte, habe ich keine anderen Marienkäfer gefunden.« Er seufzte, und seine dünnen Fühler zitterten.

»Nun liegst du allein unter einem grauen Stein?«, fragte Ticktack betrübt. »Das finde ich nicht gut. Du solltest ein warmes, weiches Nest haben. Du hast Glück – so etwas haben wir hier im Laden!«

Der Marienkäfer sah Anna erstaunt an. »Wirklich?«

Anna nickte. »Wir nehmen dich mit rein«, erklärte sie und trug das kleine Tierchen vorsichtig in den Laden.

Ping ping ping ping!

Sie gingen gleich alle miteinander in den Schlafsaal. Der kleine Marienkäfer flog neugierig umher. Er probierte ein Bett nach dem anderen.

»Oh, das hier ist toll!«, rief er und kroch in einen kleinen wolligen Hausschuh. »Nein, das ist viel zu wackelig«, murmelte er, während er auf dem weichen Fell hin und her schwankte. »Aber dieses Nest ist fantastisch!« Er flog hinauf zum kleinen Vogelnest. »Huch, da falle ich ja zwischen die Ästchen!«, rief er erschrocken. Nach und nach wurde er

immer mutloser. »Das passt alles nicht für mich«, meinte er schließlich. »Habt ihr keinen ruhigen dunklen Stein?«

Ticktack tickte aufgeregt mit seinem Sekundenzeiger. »Aber du wolltest doch ein schönes, weiches Nest!«

»Nein«, sagte der Marienkäfer leise. »Eigentlich mag ich viel lieber eine ruhige dunkle Stelle. Am besten wären Marienkäferfreunde, aber die habt ihr wohl nicht?«

Anna legte den Finger an die Lippen und überlegte. »Ich will einmal etwas probieren«, meinte sie, öffnete das Fenster und pfiff auf ihren Zeigefingern: »Pfiiit-pfiüüüt!«

Mauselinchen kletterte auf die Fensterbank. »Das ist einer deiner Tierpfiffe«, wusste die kleine Maus. »Meinst du, den hören auch die schlafenden Marienkäfer?«

»Ich bin nicht sicher«, zweifelte Anna. »Aber vielleicht hört es ein anderes Tier und weckt einen Käfer, der dann zu uns fliegt. Doch es wird wohl eine Weile dauern. Vorher können wir noch Steine bemalen, die anderen Marienkäfern den Weg zeigen.«

Sie holte drei graue Steine aus dem Topf mit der Tanne.

Ticktack pinselte seinen Stein blau an und malte einen Mond darauf. Mauselinchen betupfte ihren Stein mit ganz vielen goldenen Sternen. Und Anna bemalte den dritten Stein so, dass er aussah wie ein riesiger Marienkäfer.

»Toll«, staunte der echte Käfer. »Darunter kann ich sicher gut schlafen. Wollen wir jetzt nachsehen, ob schon ein Käfer am Fenster ist?«

Rasch liefen sie zum Schlafsaal. Das Fenster stand immer noch weit offen, aber es war nirgends auch nur ein einziger Käfer zu sehen.

»Schade«, brummte der kleine Marienkäfer traurig. Dann hob er seinen Kopf. »Na, macht nichts. Eure Steine sind meine riesigen Beschützerfreunde.«

Anna strich sehr vorsichtig über den winzigen Käferkopf. »Und du weißt ja, dass wir ganz in der Nähe sind. Wir sind auch deine Freunde.«

Der kleine Marienkäfer flog auf Annas Finger. »Gehen wir nach draußen«, sagte er entschlossen, und Anna öffnete die Ladentür.

Doch nanu? Auf dem Boden vorm Träumeladen saßen und krabbelten Hunderte kleiner roter Marienkäfer! Sie schwirrten und brummten, und ihre vielen schwarzen Punkte tanzten nur so durcheinander. »Hallo! Was gibt's? Habt ihr uns gerufen?«

»Hallo!«, rief der kleine Marienkäfer aufgeregt. »Ich war so allein und brauche Freunde für die Winterzeit. Wer möchte mit mir eingekuschelt bis zum Frühling ruhen?«

»Ich!« – »Ich!« – »Ich!«, riefen die Käferchen.

Der kleine Marienkäfer flog stolz zu der Tanne. Anna folgte ihm und legte die grauen Steine so zurecht, dass darunter eine geschützte Höhle für kleine Käfer entstand. Die neu bemalten bunten Steine legte sie obenauf.

»Danke«, flüsterte der kleine Marienkäfer und krabbelte als erster in das erdige Nest. Viele andere Käferchen folgten ihm und kuschelten sich dicht an dicht. Andere Käfer flogen zurück in ihre schon gefundenen Höhlen.

»Wenn es friert, werde ich noch eine schützende Stoffmatte drum herumwickeln«, überlegte Anna, als es wieder ganz ruhig war.

Mauselinchen rief: »Jetzt will ich einen Mausestein! Kannst du auch Mäuse malen, Anna?«

Natürlich konnte Anna das. Und ebenso einen Weckerstein.

Denn es ist gut, wenn man in der Nacht einen kleinen Freund an seinem Nachttisch hat.

Die putzmuntere Prinzessin

»So ein dicker Nebel«, stöhnte Ticktack. »Ich hasse Nebel. Ich kann gar nichts sehen.«

Anna trat neben ihren Wecker. »Tatsächlich«, staunte sie. »So dichten Nebel habe ich noch nie erlebt.« Sie öffnete die Tür. Ping ping ping ping!

Sofort drang der Nebel in den Schöne-Träume-Laden.

»Guten Morgen«, sagte da jemand höflich.

»Nebel kann sprechen?«, fragte Ticktack und versteckte sich rasch hinter Anna.

»Nebel nicht, aber ich.« Eine hübsche Dame trat aus der Nebelwolke. Sie hatte einen feinen Anzug an und einen Zylinder auf dem Kopf.

Mauselinchen krabbelte wie der Blitz in Annas Schürzentasche. »Wer ist das?«, fiepte sie.

»Gestatten Sie, dass ich mich vorstelle?«, sagte die Dame und verbeugte sich. »Ich bin Jamie. Meine Chefin schickt mich, ich soll Sie zum Schloss bringen.«

Anna trat neugierig einen Schritt vor. »Mich? Sind Sie sicher?«

»Absolut«, bestätigte Jamie. »Es handelt sich um die Prinzessin Alandria von Hochwolkenschloss. Wenn Sie mir bitte in die Wolkenkutsche folgen?«

Anna setzte vorsichtig einen Fuß in die Kutsche. »Wirklich, der Nebel hält«, flüsterte sie und stieg in die Wolke ein.

Kaum saßen sie in der Kutsche, konnten sie durch den Nebel hindurch nach außen sehen.

»Von außen sieht man nur Nebel«, erklärte Jamie. »Von innen sieht man die ganze Welt.« Sie stieg auf den Kutschbock und schnalzte mit der Zunge.

Die Wolke schwebte schnell, aber sanft durch die Straßen, dann flog sie in den Himmel hinauf. Zunächst sahen alle nur dichtes Weiß um sich herum, doch bald erhob sich vor ihnen ein mächtiges Wolkenschloss. Seine wattigen Türme glänzten in der Sonne, und die himmelblauen Fensterscheiben glitzerten.

»Wahnsinn«, japste Ticktack.

Im Innenhof des Schlosses hielt Jamie an und führte sie gleich in den Kronsaal. Dort wartete die Prinzessin auf einem schneeweißen Wolkenthron.

»Ach, da sind sie ja!«, rief sie erfreut und klatschte in die Hände. Als sie vom Thron heruntersprang, schwang ihr himmelblaues Kleid wie eine Nebelschwade um sie herum. Auch ihre Krone war aus Wolken gemacht. Mauselinchen starrte sie mit offenem Mund an.

»Ich bin Alandria«, sagte die Prinzessin. »Es ist gut, dass ihr kommt. Ich habe seit Wochen keine ruhige Nacht mehr gehabt.«

»Ja, sie hat ganz dunkle Ringe unter den Augen«, wisperte Mauselinchen in Annas Ohr.

»Weshalb nur, Eure Majestät?«, fragte Anna.

»Ja, warum denn? Hast du schon geschaut, ob eine Erbse unter deiner Matratze liegt?«, wollte Ticktack wissen. »Prinzessinnen schlafen sehr schlecht auf Erbsen.«

Alandria lächelte. »Du bist ein lustiger Kerl. Mein Bett ist wattewolkenweich. Keine Erbse weit und breit.« Sie seufzte. »Es liegt an etwas anderem. Immer wenn ich gerade einschlummern möchte, kommt jemand zur Tür herein. ›Möchten Eure Hoheit noch eine Wärmflasche?‹ oder ›Darf ich das Kissen noch einmal aufschütteln?‹ Ständig möchten meine lieben Diener mir noch etwas Gutes tun, das geht die ganze Nacht so.« Sie seufzte ein sehr tiefes Prinzessinnenseufzen.

»Aber warum sagst du denen nicht, dass sie nicht reinkommen sollen?«, fragte Ticktack verwirrt.

Alandria schüttelte den Kopf. »Hier im Schloss herrschen strenge Regeln. Ich darf die Diener nicht einfach abweisen. Ich muss immer freundlich bleiben. Mit Bitten habe ich es schon versucht, aber sie sind alle so pflichtbewusst.«

»Ich dachte, als Prinzessin kann man einfach etwas befehlen«, sagte Ticktack. »Na, dann will ich ab heute doch nicht mehr Prinzessin sein.«

»Prinz, meinst du«, verbesserte Mauselinchen.

»Nee, Prinzessin. Die haben so schöne Kleider«, widersprach Ticktack.

Währenddessen war Alandrias Gesicht immer trauriger und ihr Kleid immer dunkler geworden. Als schließlich eine Träne über ihre Wange rann, fielen auch die ersten Regentropfen aus ihrem Wolkenkleid.

»Huch«, quietschte Ticktack, als sich rasch eine Pfütze bildete, denn Wasser tat seiner Mechanik gar nicht gut.

Anna nahm ihn auf den Arm. »Schließen Sie denn abends die Tür?«, fragte sie nach.

Alandria lächelte zaghaft. »Schon, aber meine Diener klopfen höflich und kommen dennoch herein.«

»Ein Türschild«, fiepte Mauselinchen plötzlich aufgeregt. »Sie brauchen ein Türschild.«

Alandria sah sie hoffnungsvoll an. Mauselinchen erklärte ihr, was das ist, und gleich ließ Alandria ihre Diener Berge

von Pappe und Malfarben holen. Anschließend verbrachten Anna und ihre Helferchen einen schönen Vormittag damit, für Alandria ein Türschild zu basteln. Die Prinzessin sah ihnen aufmerksam zu und war höchst erfreut über das Ergebnis. »Bitte nicht stören, Prinzessinnenschlaf!«, las sie vor, was Anna geschrieben hatte. »Und ihr meint, das funktioniert?«

»Na klar«, trötete Ticktack. »Du führst einfach eine neue strenge Regel ein: Türschilder müssen immer beachtet werden.«

Nun strahlte Alandria. »Ja, das ist perfekt«, meinte sie. »Vielen Dank. Zur Belohnung feiern wir ein Fest für euch!«

So kam es, dass Anna, Mauselinchen und Ticktack ihren Nachmittag auf einem wunderschönen großen Ball verbrachten, der ihnen zu Ehren gefeiert wurde. Sie bekamen festliche Kleider (Ticktack natürlich ein Prinzessinnenkleid) und durften das feinste, leckerste Essen kosten.

»Das war der mauseschönste Tag«, murmelte Mauselinchen, als die Kutsche sie am späten Abend wieder heimbrachte. Anna streichelte ihr nickend über das Köpfchen.

Ticktack gähnte. »Ja, ich liebe Nebel«, murmelte er müde und schlummerte dann auf Annas Schoß ein.

Genauso wie die Prinzessin, die in dieser Nacht endlich einmal ganz in Ruhe schlafen durfte.

Anna Zaubermonds Schlaftipps

Für erschöpfte Elfenkinder und andere müde Wesen, die aufgrund von Lärm nicht schlafen können: Ladet euch eine befreundete Hummel ein – oder erwärmt ein Kirschkernkissen (gern in hummelgestreifter Hülle) leicht, und legt es auf das Ohr. Nun ist himmlische Ruhe!

Für verwirrte Vogelkinder und kleine Geschöpfe, die sich einen Wächter wünschen: Bastelt euch einen Mond aus gelbem Tonpapier, und hängt ihn neben euer Bett. So werdet ihr daran erinnert, dass der gute Mond auf euch aufpasst, auch wenn ihr ihn draußen nicht sehen könnt, und ihr schlaft beruhigt ein.

Für müde Mäuschen und alle feinen Nasen, die am liebsten mit Wohlfühl-Geruch einschlafen: Näht euch ein kleines Kissen (oder vernäht einen kleinen Waschlappen), das ihr mit Lavendelblüten oder anderen duftigen Kräutern füllt, und legt es neben euer Kopfkissen. Ihr werdet so entspannt schlafen!

Für zappelige Zahlenzähler und andere Ziffernfreunde: Beschäftigt euren Kopf abends mit dem kleinen Gedicht von Seite 32 – danach könnt ihr selig einschlummern. Am besten, ihr rahmt das Gedicht und stellt es auf euren Nachttisch.

Für scheue Schutzengelchen und andere Lichtschwärmer, die sich im Dunkeln gruseln: Schneidet aus dünner Pappe einen Streifen zurecht, der genau um ein Teelicht passt (ca. 13 × 5 cm). Stanzt oder schneidet mithilfe eines Erwachsenen Figuren hinein, und klebt die Enden zusammen. Stellt ein elektrisches Teelicht hinein – schon spendet es euch hübsches Licht beim Einschlafen.

Für kribbelige Kamele und andere Zappelwesen: Legt euch ins Bett,

und lasst euch Jamals Verse mehrmals vorlesen – oder sagt sie selbst ganz leise vor euch hin: »Meine Beine liegen still, ruhen nun, weil ich es will. Meine Beine werden schwer und entspannen immer mehr.« Bestimmt schlummert ihr dann ganz bald ein ...

Für schwankende Schornsteinfeger und andere Aus-dem-Bett-Plumpser: Steckt eure Bettdecke oder eine große Überdecke einfach zwischen Matratze und Bettgestell kräftig fest. Schlüpft vorsichtig hinein, und fühlt euch wohl wie ein Känguru in Mamas Beutel. Gute Nacht!

Für steppende Sternchen und andere Nachttänzer: Legt euch gemütlich auf den Rücken, und streckt Arme und Beine weit von euch. Stellt euch vor, ihr würdet fliegen und singt dabei leise die beiden Liedstrophen von Seite 56 zur Melodie von »Schlaf, Kindlein, schlaf«. Einen guten Flug ins Traumland!

Für die schlaflose Serafina und andere Gedankenwirbler: Befestigt bunte Kreppbänder an einem Ring (ihr könnt zum Beispiel einen Drahtkleiderbügel rund biegen). Bindet einen langen Faden daran, und hängt das Mobile nah an eurem Bett auf. Wenn ihr zart am Faden zupft, ertönt ein zauberhaftes Geraschel, das eure Gedanken ganz schnell verscheucht und wunderbar müde macht.

Für minikleine Monster und andere Gespensterjäger: Besorgt euch eine kleine Wassersprühflasche, auf die ihr »Anti-Gruselwesen-Spray« schreibt. Gebt das Fläschchen einem Erwachsenen, denn die wissen, wo man magische Flüssigkeit bekommt. Abends könnt ihr zwei Spraystöße unter das Bett sprühen und danach völlig beruhigt einschlafen: Niemals werden sich Monster oder Gespenster in eure Nähe wagen!

Für schläfrige Schlafschafe und andere Geschöpfe mit müden Füßen: Nehmt einen Klecks gut duftender Creme, und reibt eure (sauberen) Hufe, Pfoten oder Füßchen damit langsam und geduldig ein. Es fehlt noch der Mondstaub? Lasst die Cremedose eine Nacht lang geöffnet auf dem Nachttisch

stehen, dann wird das Sandmännchen euch welchen hineinstreuen ...

Für furchtsame Füchschen und andere arme Albträumer: Bastelt euch einen Traumfänger. Nehmt ein hübsches Band, das ihr kreuz und quer um einen Ring oder drei im Dreieck gebundene Zweige schlingt. Hängt Glöckchen und Federn hinein, und befestigt ihn in Bettnähe. Er wird alle bösen Träume einfangen und nur die guten durchlassen ... schöne Träume!

Für ordentliche Opas und andere Dauerdenker: Beklebt ein leeres Marmeladenglas mit Aufklebern oder Papierschnipseln. Malt oder schreibt vor dem Einschlafen eure Sorgen auf – und werft sie in den Müll. Schreibt und malt auch schöne Gedanken auf. Die legt ihr in das Glas und könnt sie abends manchmal anschauen. Schon wisst ihr, wovon ihr träumen könnt.

Für knurrende Kätzchen und andere Kuschler, die ein Plätzchen nur für sich brauchen: Bedruckt eine weiße Kissenhülle (ein altes weißes T-Shirt kann auch zur Hülle zugenäht werden) mit euren Hand- oder Fußabdrücken oder auch Sternen und Monden. Schreibt euren Namen dazu. Auf diesem Schlummerkissen werdet ihr herrlich einschlafen!

Für die muntere Milly und andere Traumwünscher: Bastelt ein Mobile mit kleinen Figuren und Gegenständen wie Spielzeugen, Erinnerungen an den Urlaub oder spannenden Fundstücken. Nun könnt ihr euch abends zu den fliegenden Figuren eine Geschichte ausdenken, von der ihr dann träumt ...

Für glühende Glühwürmchen und andere lichtempfindliche Lebewesen: Näht euch eine hübsche Schlafbrille – oder schneidet eine einsame bunte Socke in Brillenform, die ihr euch abends über die Augen legen könnt. Nun wird kein Lichtstrahl euren tiefen Schlummer mehr stören ...

Für einsame Eichhörnchen und andere sehnsüchtige Herzen: Hängt eine Schnur an die Wand neben eurem Bett, und befestigt mit Wäscheklammern die Bilder eurer Liebsten daran, die ihr vermisst: Oma oder Opa, Papa oder Mama, einen Freund, eine Freun-

din oder ein Haustier ... so sind sie ganz nah bei euch.

Für sehnsüchtige Seemänner und andere Regenliebhaber: Einen Regenmacher bastelt ihr, indem ihr viele gekürzte Zahnstocher quer durch eine leere Papprolle steckt. Dann befüllt ihr die Rolle mit Linsen oder Körnern, und klebt sie von beiden Seiten zu. Bemalt oder beklebt sie noch schön – und dann lauscht dem sanften Regenrauschen, bevor ihr entspannt einschlaft. Schrrrrr!

Für den mamavermissenden Max und andere Nähe-Wünscher: Bindet ein sehr langes Samtband an euer Bett. Abends zieht ihr das Band bis zum Bett oder Sessel eurer Eltern (passt aber auf, dass niemand stolpert, alle sollten davon wissen!). Vorm Einschlafen könnt ihr kurz daran zupfen. Wenn ihr eure Hand auf das Band legt, spürt ihr, dass jemand zurückzupft. Es ist also alles in Ordnung – und ihr könnt beruhigt schlummern.

Für das schlotternde Sandmännchen und andere Fußfröstler: Sucht eure wärmsten Socken aus dem Schrank, und legt sie in eine leere Blechdose, die ihr wunderschön beklebt und bemalt und auf euren Nachttisch stellt. Ein Tipp vom Sandmännchen: Wer keine Wolkenschafwollsocken hat, kann die Dose auf die Heizung stellen, dann sind die Socken abends dennoch wunderwarm ...

Für mutlose Marienkäfer und andere Langschläfer: Verschönert euer Schlafnest mit einem Traumstein. Malt einfach einen glatten Stein an – einfarbig oder bunt, als Marienkäfer oder Blume, als Stern oder Wolke. Schon habt ihr einen Beschützerfreund, der in der Nacht auf euch achtgibt.

Für putzmuntere Prinzessinnen und andere Ruhebedürftige: Ein Schild an der Tür zeigt jedem, dass ihr nicht gestört werden mögt. Malt ein buntes Bild, auf das ihr euren Wunsch schreibt: »Bitte nicht stören, Prinzen-/Prinzessinnenschlaf«, oder: »Bitte Ruhe, hier wird geträumt.« So könnt ihr ungestört schlummern. Wunderschöne Nacht!

Katja Alves / Marta Balmaseda
Die kleine Eulenhexe

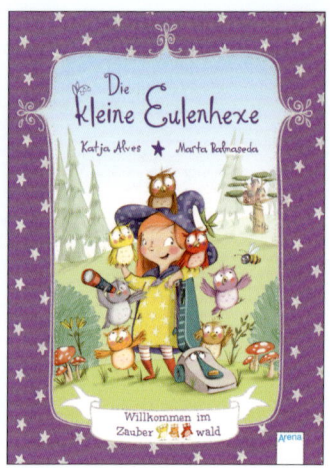

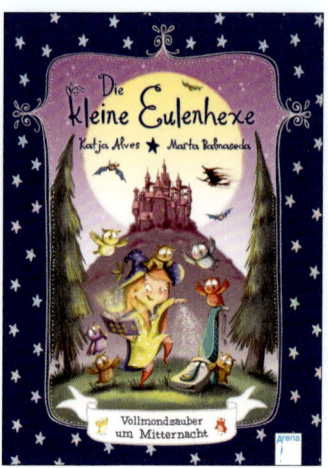

Willkommen im Zauberwald

Vollmondzauber um Mitternacht

Die kleine Hexe Petunia Olivia von und zu Nadelbaum staunt nicht schlecht, als eines Tages sieben kleine Eulen vor ihrer Baumhaus-Tür stehen. Mit dabei eine Botschaft von Tante Aurora: Wenn Petunia es schafft, die sieben Rotzschnäbelchen zu wohlerzogenen kleinen Eulen zu erziehen, dann bekommt sie das berühmte Eulenhexen-Diplom. Und das will Petunia natürlich unbedingt! Wären da nur nicht ihr eifersüchtiger Flugstaubsauger Herr Spiegelei, der hundsgemeine Zwerg Griesgram und nicht zuletzt die frechen Streiche der kleinen Eulen selbst, die Petunias Eulenhexen-Traum zum Platzen bringen könnten ...

Im Zauberwald gibt es aufregende Neuigkeiten: Die mächtigen Baumhexen laden zum großen Hexenwettbewerb, der nur alle hundert Jahre stattfindet. Zu gewinnen gibt es eine tolle Extrazauberkraft. Genau das Richtige für eine junge Eulenhexe wie Petunia, denken sich die kleinen Eulen und melden ihre Hexe heimlich an. Die Sache hat nur einen Haken: Wer beim Lösen der äußerst schwierigen Zauberaufgaben auf dem letzten Platz landet, muss seinen Hexenbesen abgeben. Oje! Denn die anderen Hexen sind alle sehr alt und wahre Zauberkünstler ... Zum Glück kann Petunia wie immer auf ihre kleinen Eulen zählen!

Band 1:
144 Seiten • Gebunden
Mit farbigen Illustrationen
978-3-401-71195-9
Auch als Hörbuch bei
Arena audio erhältlich

Band 2:
144 Seiten • Gebunden
Mit farbigen Illustrationen
978-3-401-71546-9
Auch als Hörbuch
bei Arena audio erhältlich

Hanna Kirschbaum /
Christine Kugler

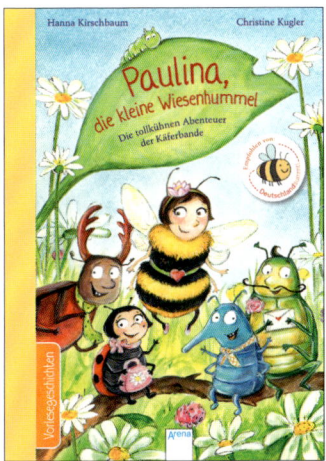

Paulina, die kleine Wiesenhummel
Die tollkühnen Abenteuer der Käferbande

Im Reich Krabbelonien wird einfach jeder Tag zu einem ganz besonderen Abenteuer. Besonders seitdem Paulina, die Hummelprinzessin, die Bekanntschaft des Marienkäfers Mariechen, des Hirschkäfers Rudi und des Rüsselkäfers Schnäuzchen gemacht hat. Gemeinsam retten sie eine Schmetterlingshochzeit vor der miesen Mückenmeute, machen eine kleine Baumwanze glücklich und verhelfen Rosenkäfer Emeraldo zur Erfüllung seines Traums. Nur das Verschwinden der kleinen Raupe Grüni gibt allen ein großes Rätsel auf – ob es ihnen gemeinsam gelingen wird, ihren Freund wiederzufinden?

128 Seiten • Gebunden
Mit farbigen Illustrationen
Leinenrücken mit Prägung
978-3-401-71326-7

Christian Seltmann /
Christine Kugler

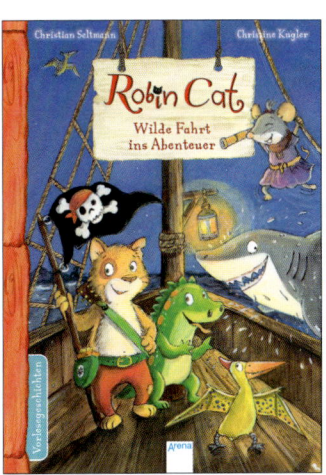

Robin Cat
Wilde Fahrt ins Abenteuer

Wie gut, dass Robin Cat auf der Insel Mumpitz als echter Abenteurer und größter Superheld aller Zeiten bekannt ist. Denn dort gibt es immer jemanden, der Hilfe benötigt. Zum Beispiel der kleine Seewolf, der eines Tages am Strand auftaucht. Oder die Wüstenbewohner, die nicht mehr schlafen können, weil eine geheimnisvolle Felssäule schnarchende Geräusche von sich gibt. Und selbst einen Ausflug in das schaurige Tropfsteinhöhlen-Labyrinth meistern Robin Cat und seine Freunde mit Heldenmut. Zur Belohnung gibt's ein Lagerfeuer mit Gitarrenmusik und Gesang: katzenstark und urgemütlich!

Band 2:
128 Seiten • Gebunden
Mit farbigen Illustrationen
978-3-401-71520-9